Neue
Kleine Bibliothek 215

W0062101

Inva Kuhn

Antimuslimischer Rassismus

Auf Kreuzzug für das Abendland

PapyRossa Verlag

© 2015 by PapyRossa Verlags GmbH & Co. KG, Köln
Luxemburger Str. 202, 50937 Köln
Tel.:   +49 (0) 221 – 44 85 45
Fax: +49 (0) 221 – 44 43 05
E-Mail: mail@papyrossa.de
Internet: www.papyrossa.de

Cover: Verlag unter Verwendung einer Illustration von Nils Fisch
Druck: Interpress

Die Deutsche Nationalbibliothek verzeichnet diese Publikation in
der Deutschen Nationalbibliografie; detaillierte bibliografische
Daten sind im Internet über http://dnb.d-nb.de abrufbar

ISBN 978-3-89438-560-6

Inhalt

1. Einleitung 7

2. »Erschütterte Kultur«
Theoretische Grundlagen des Antimuslimischen Rassismus 15

Islamophobie, Islamfeindlichkeit
oder Antimuslimischer Rassismus? 21

Antimuslimischer Rassismus: Definition und Funktionen 23

»Der Muslim ist der Mensch,
den die anderen als solchen betrachten« 25

»Das Spektakel des ›Anderen‹« –
Postkoloniale Perspektiven, Begegnungen und Analysen 28

»Orientalism« und Antimuslimischer Rassismus 30

Die Auffassungen vom Orient in der Bundesrepublik 33

Feindbild Islam – Zur Entstehung
und Funktion von Feindbildern 35

Identität und Repräsentation 37

Kulturelle Differenz und Rassismus 40

3. »Rituale der Herabwürdigung«
Antimuslimischer Rassismus in politischen Debatten:
Merkmale, Erscheinungsformen, Funktionen 45

War on Terror, 9/11 und die Terrorismusdebatte 47

»War on Terror« und Antimuslimischer Rassismus 48

Gesinnungstests und Muslim-Tests 50

Moscheebaudebatte 52

»Hetzer mit Parallelen« – Antisemitismus
und Antimuslimischer Rassismus 54

Die Menschenrechtsdebatte 57

Frauenrechte und Sexismus 59

Die Kopftuchdebatte 61

Schwulen- und Lesbenrechte 63

Die Beschneidungsdebatte 65

Die Antisemitismusdebatte und der Nahostkonflikt 66

Die Medien 69

Terrorismus, Krieg und Hegemonieansprüche 74

4. Antimuslimischer Rassismus und neoliberale »Reformen« 76

Rassismus und Klassendünkel als neoliberale Stützen 80

Finanzstabilität und Rechtspopulismus 85

Gegen die Islamisierung des Abendlandes:
Die PEGIDA-Bewegung 90

5. Gegenstrategien 98

6. Literaturverzeichnis 102

Bücher, Broschüren und Periodika 102

Internetquellen 108

1.
Einleitung

Winter 2014/2015: Wöchentlich kommt es zu so genannten PEGIDA-Aufmärschen mit Tausenden von Menschen. Vor allem in Dresden drückt sich bei Manifestationen von vorläufig bis zu 25.000 Personen ein gesellschaftlich offenbar breit verankerter Antimuslimischer Rassismus aus, der auch aus Politik und Medien mit geschürt wurde. So stellte die *Bild*-Zeitung Lutz Bachmann, einem der Dresdener PEGIDA-Organisatoren, Anfang Dezember 2014 ein Forum zur Verfügung.[1] Unterdessen erklärte der ehemalige Bundesinnenminister Hans-Peter Friedrich (CSU) mit Blick auf die »Patriotischen Europäer gegen die Islamisierung des Abendlandes«: »Ich glaube, dass wir in der Vergangenheit mit der Frage nach der Identität unseres Volkes und unserer Nation zu leichtfertig umgegangen sind.«[2] Erst als in den meisten Städten die Gegendemonstrationen deutlich in der Überzahl waren und offensichtlich wurde, dass PEGIDA-Organisatoren vielerorts aus neofaschistischen Strukturen stammen, weicht in bürgerlichen Kreisen das Verständnis für die »Sorgen und Ängste« der Menschen mehr und mehr einer Ablehnung der Aufmärsche.

Szenenwechsel 1: Im Sommer 2014 »patrouillieren« einige Männer in orangefarbenen Westen durch Wuppertal – die Hysterie lässt

---

[1] Vgl. *Bild*-Interview unter der Überschrift: »Exklusiv in BILD spricht der PEGIDA-Erfinder Lutz Bachmann, der jeden Montag Tausende Dresdner auf die Straße bringt. Wir hören erst auf, wenn die Asyl-Politik sich ändert!« (www.bild.de, 1.12.2014)

[2] Zit. nach: www.tagesschau.de, 28.12.2014.

nicht lange auf sich warten: Die Scharia-Polizei als »Parallelwelt« zur deutschen Rechtsstaatlichkeit. Bayerns Innenminister Joachim Herrmann (CSU) verlangt, die deutsche Rechtsordnung schnellstmöglich auf »Islamfestigkeit« zu überprüfen.[3] Was übrig bleibt von der Auseinandersetzung, ist die Forderungen nach Gesetzesverschärfungen und dem Verbot der »Shariah Police« sowie der Generalverdacht gegen Muslime, die als Integrationsverweigerer dargestellt wurden – Zivilisierungsmission beendet.

Szenenwechsel 2: Berlin, Sommer 2012: Ein Spaziergang durch die Bezirke Neukölln, Moabit und Wedding macht auch bei gutem Wetter keinen Spaß. An den Bushaltestellen hängen Plakate, ausnahmsweise keine kommerzielle Reklame: Fotos von dunkelhaarigen, türkisch und arabisch aussehenden Ahmads und kopftuchtragenden Fatimas, die sich aus der Gesellschaft zurückgezogen und einen radikalen Werdegang hingelegt haben. Die »Vermisst«-Kampagne des Bundesinnenministeriums warnt vor potenziellen »islamistischen Schläfern« und »islamischem Terrorismus«. Damit sollen Jugendliche aus einem Umfeld angesprochen werden, das im Verdacht steht, besonders gefährlich, gewaltaffin und terrorismusempfänglich zu sein. Doch wozu diese Warnung vor nachwachsenden Islamisten, während die Öffentlichkeit nach der Aufdeckung des NSU durch einen der größten Skandale der Nachkriegszeit erschüttert wird? Umso passender erscheint der Vorschlag von Ali Kizilkaya, seit 2012 Vorsitzender des Islamrates, an das Innenministerium, »mit Bildern ›deutschstämmiger‹ junger Leute zu warnen, die in den rechten Sumpf abzurutschen drohen – mit dem schüchternen Uwe und der tierlieben Beate aus der Nachbarschaft, die sich zurückzogen und immer radikaler wurden, bevor sie den ›Kampf gegen die Überfremdung Deutschlands‹ in die eigenen Hände nahmen und neun Migranten erschossen. Die Gefahr lauert überall, in Dortmund-Dorstfeld, in Gera, in Nürnberg. Doch der erste Schritt zur Menschenhatz ist immer der pauschalisierte Generalverdacht, die

---

3   Vgl. u. a.: Die »Scharia-Polizei« auf Kontrolle. In: Yeni Hayat / Neues Leben, Nr. 123, 12.9.2014, S. 1.

rassistische Zuschreibung negativer Eigenschaften auf ganze Personengruppen. Es sind diese politischen Risikogruppen, die Deutschland wirklich lebensgefährlich machen: die ministeriellen Scharf-
macher, uniformierten Blockwarttypen und ressentimentgeladenen
Populisten, die in jedem Jugendlichen mit nahöstlicher Herkunft den
potenziellen ›Schläfer‹ sehen.«[4]

Wie oft wurde in den letzten Jahren der »Untergang des Abendlandes«, der Verlust »westlicher Werte« und die »Islamisierung der
deutschen Gesellschaft« heraufbeschworen? Wie oft schmückten in
der letzten Dekade Halbmonde und »bärtige Djihadisten« die Titel-
seiten der deutschen Medienlandschaft? Wie oft wurde polemisch
der »soziale Frieden« gestört, als in der Nachbarschaft eine Moschee
gebaut werden sollte? Wie oft sahen Patrioten und Populisten eine
»Deutschenfeindlichkeit« am Werk, die »den einfachen Deutschen«
Angst und Bange mache?

Vor antimuslimischen Ressentiments macht auch das »wohlsitu-
ierte Bürgertum« nicht halt, deren Vorurteile oftmals als »rationale
Erkenntnisse« gerechtfertigt werden. Häufig paart sich dabei Islam-
kritik mit einer guten Portion Halbwissen über den Koran. Es bedarf
keiner gründlichen wissenschaftlichen Analyse, um festzustellen, dass
der Antimuslimische Rassismus seit Beginn der Nullerjahre für eine
Debatte mit handfesten Interessen und vielfältigen innen- und außenpolitischen Facetten steht.

Es herrscht ein regelrechter Kampf um die Meinungshoheit,
hoch- und minderkarätige Politiker und Publizisten, die sich auf allen
Ebenen – mal subtil, mal weniger subtil – über den Islam äußern,
über ihn streiten und hitzig debattieren. Eine der Diskussionen machte sich bekanntlich daran fest, dass der ehemalige Bundespräsident
Christian Wulff den Islam als Teil Deutschlands bezeichnete[5] – ein

4   Zit. nach: Sebastian Carlens: Überall Schläfer? In: junge Welt, 30.8.2012.
5   So Wulff in seiner Bremer Rede am 3. Oktober 2010: »Das Christentum
    gehört zweifelsfrei zu Deutschland. Das Judentum gehört zweifelsfrei zu
    Deutschland. … Aber der Islam gehört inzwischen auch zu Deutschland.«
    Für die Aussage erntete Wulff nicht nur Zustimmung, vielmehr wird ge-
    mutmaßt, dass sie in Verbindung mit seiner Kritik an der Europäischen

Satz, von dem sich sein Nachfolger Joachim Gauck bald nach seinem
Amtsantritt distanzierte. Jakob Roßa, der den »Islamdiskurs von Bundespräsident Joachim Gauck« untersuchte, stellt fest: »[Die] Konstruktion des Islam als eine ›andere Kultur‹ findet sich in Gaucks Diskurs
besonders häufig zusammen mit dem Verweis auf den religiös und
kulturell ›nicht-aufgeklärten‹ Islam. In zahlreichen Reden und Inter-
views verweist Gauck auf dieses Argument, um eine Unterschiedlich-
keit und Andersartigkeit des Islam zu begründen. Mit der Berufung
auf die ›europäische Aufklärung‹ wird dabei der Islam im Gegensatz
zum ›christlich-abendländischen‹ Europa gesetzt. Damit wird jedoch
nicht nur eine religiös-kulturelle Differenz markiert, sondern ebenfalls der Islam als rückschrittlich, defizitär und entwicklungsbedürftig
konstruiert. Christentum und Europa werden als fortschrittlich und
damit als höherwertig positioniert. Auf diese Weise rückt der Theo-
loge Gauck, anstatt die Nähe und die gemeinsamen Bezüge zwischen
Christentum, Judentum und Islam hervorzuheben, eine religiös-kulturelle Differenz in den Mittelpunkt.«[6] Eine solche Position, zumal von
»berufener« Stelle, mag für den politischen Umgang mit dem Islam
symptomatisch sein. Besonders pikant erscheint ein Gauck-Interview

---

Zentralbank und am Demokratieabbau mit ein Grund für die Medienkam-
pagne zu seiner Absetzung waren. Nach seinem Rücktritt fand ein (selbst-)
kritischer Beitrag von Wulff zum 10. Jahrestag der NSU-Anschläge auf der
Kölner Keupstraße Beachtung. Darin bekundete er: »Auch ich habe mich
im Nachhinein ertappt, dass ich die Theorie der Kriminalität unter Ausländern leichtfertig durchaus für plausibel gehalten habe, als die Rede von
›Döner-Morden‹ war – ein unerträglicher Begriff, der zu Recht Unwort des
Jahres wurde. Auch ich hatte unbewusst offenkundig vorgefertigte Bilder
im Kopf. … Sorgen machen mir … bereits diejenigen, die Vorurteile schüren, die verächtlich und pauschal über andere sprechen, die Intoleranz hoffähig machen. Auch das dürfen wir nicht zulassen. … Häufig ist die Rede
von ›den Türken‹ oder ›den Muslimen‹. Das sind unzulässige Verallgemeinerungen. … Menschen muslimischen Glaubens möchten genauso wenig wie
Christen oder Juden auf ihren Glauben reduziert werden, und sie möchten
zu Recht vielfältig wahrgenommen werden.« (Kölner Stadtanzeiger, 7./8.
Juni 2014, Birlikte Extra, S. IV)

6   Jakob Roßa: Gauck redet wieder über den Islam. In: www.migazin.de,
    2.12.2013 (6.1.2015)

mit der *Neuen Zürcher Zeitung* von 2010, in dem dieser darlegte: »Denn
wir würden uns eigentlich nicht helfen, wenn wir Fremdheit und Dis-
tanziertheit übersehen würden in der guten Absicht, ein einladendes
Land zu sein. Diese gute Absicht ist ja lobenswert, aber wir haben
doch ganz andere Traditionen, und die Menschen in Europa … sind
allergisch, wenn sie das Gefühl haben, dass was auf dem Boden der
europäischen Aufklärung und auch auf dem religiösen Boden Europas gewachsen ist, wenn das überfremdet wird.«[7] Es mag im Nachhinein müßig sein, darüber zu streiten, ob dies als Entgleisung oder als
Empfehlung für das Amt des Bundespräsidenten zu werten ist. Noch
einmal Roßa: »Besonders mit der Verwendung des Begriffs der ›Überfremdung‹ wird das Bild eines expansiven und bedrohlichen Islam
konstruiert und damit an populistische und islamfeindliche Diskurse
über die ›Islamisierung‹ Europas angeknüpft.« (ebd.) Zu derlei Fein-
bildkonstruktion fügt sich im Sinne von Samuel Huntingtons auch
geopolitisch motiviertem »Kampf der Kulturen« die spätere präsidiale
Forderung Gaucks, Deutschland müsse seine Zurückhaltung bei Militäreinsätzen aufgeben.[8]

Zu erinnern ist auch an Wolfgang Schäubles Satz über die (Nicht-)
Zugehörigkeit des Islams zu Deutschland. Und selbstverständlich
gehören zu der Debatte ebenso die Auslassungen der SPD-Politiker
Thilo Sarrazin und Heinz Buschkowsky. Auch zahlreiche andere Mei-
nungsmacher bestärken in ihrer Funktion als Multiplikatoren das tradierte Bild über Muslime in Deutschland. Sie verteidigen Ideologien,
die Menschen aufgrund von vermeintlich sichtbaren und nicht sichtbaren Merkmalen klassifizieren und hierarchisieren. Sie verfestigen
Ideologien der Ungleichheit und brechen »rassistische Tabus« – auch
mit Rückgriff auf traditionell nazistische Bilder.

---

7   Interview mit Joachim Gauck in der *Neuen Zürcher Zeitung*, 10.10.2010; zit.
     nach: ebd. – Ebenfalls 2010 bezeichnete Gauck in einem Interview mit der
     Süddeutschen Zeitung Thilo Sarrazin als »mutig« (vgl. *Deutsche Welle*: Kritik an
     Gaucks Position zur Integration, 22.3.2012, www.dw.de).

8   Vgl. u. a.: Gauck: Deutschland muss Zurückhaltung bei Militär-Einsät-
     zen aufgeben, www.deutsche-wirtschafts-nachrichten.de, 14.6.2014 (zu-
     letzt eingesehen am: 6.1.2015)

Jenseits der vorherrschenden Ängste und Ressentiments in Bezug auf den Islam steht fest: Es herrscht ein hohes Maß an Pauschalisierungen und Relativierungen. Vom vielfältigen, komplexen Leben vieler Muslime wird abstrahiert, um dieses vereinfachend und vorurteilsvoll darzustellen. Emotionalisiert dargestellte Bilder von Halbmond-Terroristen, gewalttätigen Neuköllner Kids, vom kleinen Kopftuchmädchen oder dem Gemüse verkaufenden Türken, vom »Burka-Gefängnis« und muslimischen Integrationsverweigern – eines haben sie gemeinsam: die repressiven Auswirkungen dieser Debatten auf das Leben der Betroffenen.

Die Ursprünge dieser rassistischen Stimmung gegen muslimisch, nicht christlich-europäische Menschen sind bereits im 11. Jahrhundert, bei den Kreuzzügen, zu suchen. Die Machtausweitung des Vatikans und die machtpolitischen Interessendurchsetzungen mit der Kontrolle über Palästina samt Jerusalem sind die Anfänge jahrhundertelanger[9] kultureller und religiöser Diffamierung und Unterdrückung sowie westlicher Expansionsinteressen. Darauf basiert auch das heutige Islambild. Dieses wird durch politische Sprache und Bilder ausgedrückt, womit ein »allgemeingültiges Wissen« produziert wird, welches die politische Kultur durchzieht. Wie sonst ist die reflexhafte Reaktion von fast der Hälfte der Deutschen zu erklären, in der Bundesrepublik lebten zu viele Muslime, bei einem tatsächlich geschätztem Anteil von vier bis fünf Prozent an der Gesamtbevölkerung? Warum denken über 54 Prozent, dass Muslime in Deutschland zu viele Forderungen stellen? Auch die generelle Abwertung des Islams als eine Religion der Intoleranz sowie die Behauptung, dass viele Muslime Terrorismus gutheißen würden, geht aus unterschiedlichen Umfragen hervor.[10] Eine vermeint-

---

9   Antiorientale und antimuslimische Bilder und Ressentiments hatten im Laufe der Jahrhunderte – wie andere Ideologien auch – stets ihre konjunkturellen Dynamiken.

10   Zick / Küpper / Hövermann gaben 2011 eine Bestandsaufnahme zu Intoleranz, Vorurteilen und Diskriminierung in Europa mit dem Titel *Die Abwertung der Anderen* heraus. Für die Durchführung der Studie wurden stichprobenartig 1.000 Personen ab 16 Jahren interviewt. Insbesondere bemühten sich die Herausgeber um eine Berücksichtigung des Stadt-Land-Gefälles.

liche kulturelle Differenz und eine unterstellte Affinität von Muslimen zum Terrorismus lassen sich insgesamt in fast allen Debatten und Auseinandersetzungen mit dem Thema erkennen. All diese Annahmen, Vorurteile und Meinungen finden ihren Ursprung in vorgefundenen gesellschaftlichen Debatten und Herrschaftsideologien.

Die Anschläge vom 11. September 2001 erzielten international weitreichende Auswirkungen. Die seit dieser Zeit geläufige Rede vom »War on Terror« wurde in den westlichen Ländern zur Staatsräson und offiziellen Sprachregelung sowohl bei der Nachrichtenproduktion als auch bei der Propagierung der politisch-militärischen Leitlinien. Hierbei forcierten die Anschläge von 9/11 den seit dem Ende des Kalten Krieges mehr und mehr durchgesetzten Deutungsrahmen von arabischen Ländern als potenziellem Hort von Terror. Dies bedeutete eine verstärkte Homogenisierung der (ver-)öffentlichten Meinung, einhergehend mit der Abwertung von Muslimen und der Kulturalisierung des Menschenrechtsdiskurses in der westlichen Welt. Außenpolitisch dienten Frauenunterdrückung sowie Schwulen- und Lesbenfeindlichkeit der Verschärfung der Gangart gegenüber jenen Ländern, die der »Achse des Bösen«[11] zugeordnet wurden – der Bundeswehreinsatz in Afghanistan sollte angeblich auch der Befreiung von Frauen und Mädchen dienen –, während damit auch innenpolitisch verstärkt rassistische Kampagnen begründet wurden. Antimuslimischer Rassismus musste auch für den Abbau sozialer Rechte herhalten: Indem soziale Konflikte zu solchen zwischen »Kulturen« gemacht werden, lassen sich neoliberale (Krisen-)Ideologien besser durchsetzen. Gesellschaftliche Klassenwidersprüche werden somit verschleiert, dadurch subalterne Gruppen gegeneinander ausgespielt und deren Widerstand entgegengewirkt.

Auch in der Bundesrepublik folgten nach 9/11 entlang der Sexismus-, Homophobie- und Antisemitismusdebatten rassistische Inter-

---

11 Dass beispielsweise die staatliche Verfolgung von Homosexuellen auch in (pro-)westlichen Ländern an der Tagesordnung war bzw. ist, wird dabei gerne ausgeblendet. Über Frauenunterdrückung und Morde an Schwulen und Lesben etwa in dem westlichen »Stabilitätsanker« Saudi-Arabien wird kaum berichtet.

ventionen gegen Muslime und als solche Markierte[12]. Innenpolitisch
kann die Debatte um die Reform des Staatsangehörigkeitsrechts als
Zäsur betrachtet werden, die weiterhin von rassistischen Übergriffen
und Gewalttaten flankiert wurde. Nachdem deutlich geworden war,
dass Migration nach jahrzehntelanger Un-Willkommenskultur von
staatlicher Seite anerkannt wurde, folgten die Kopftuchdebatte, die
Muslim-, Gesinnungs- und Einbürgerungstests, die Sarrazin-Debatte
und die Beschneidungsdebatte. Parallel dazu erzeugten der unter
staatlicher Aufsicht gestandene NSU-Terror sowie die ihm folgenden
gezielten polizeilichen Ermittlungen in Migrantenmilieus in mancher
»Community« ein Klima der Angst.

Mit dem System aus Vorurteilen, Ängsten und einschlägiger Islam-
kritik, den entsprechenden gesetzlichen Regelungen sowie deren Kontext und Effekte konnte Antimuslimischer Rassismus in Zeiten bröckelnder Zustimmung zu neoliberaler Ideologie salonfähig gemacht
werden. Dessen Träger reichen von extrem rechten Akteuren bis in
die Mitte der bürgerlichen Gesellschaft. Geschürt wird er nicht zuletzt
von Teilen der deutschen Elite – mit medialer Unterstützung.

---

12   Dieser Logik entspricht ein Konzept, das politische Subjekte entlang kon-
      struierter Gegensätze in »gut und böse«, in »normal und anormal«, in
      »westlich und orientalisch«, in »zivilisiert und rückständig« einteilt; vgl.
      auch Iman Attia (2009).

2.
»Erschütterte Kultur«[13]

Theoretische Grundlagen des
Antimuslimischen Rassismus

> Im Kern ist der moderne Rassismus nie eine bloße »Beziehung zum
> Anderen«, die auf einer Perversion des kulturellen oder soziologi-
> schen Unterschieds beruht, sondern eine Beziehung zum Anderen,
> die durch den Eingriff des Staates vermittelt ist. Oder besser noch …
> er ist ein Konfliktverhältnis zum Staat, das auf entstellte Weise »ge-
> lebt« und als ein Verhältnis zum Anderen »projiziert wird.«
>
> *(Balibar 2000, S. 115)*

Rassismus als Ideologie und politisch-soziale Praxis[14] kann nur durch
die Einbettung seiner Machtdimensionen in gesamtgesellschaftliche
Prozesse verstanden werden. Ausgangspositionen rassistischer Analysen können keinem individuellen Bewusstsein entspringen, weil sie
keine spontane oder unerwartete Reaktion von Menschen auf politische oder soziale Krisen sind. Zudem kann Rassismus nicht natura-
listisch erklärt werden – er liegt nicht in der Biologie des Menschen.

---

13 Zit. in Anlehnung an: Stuart Hall: Die Frage des Multikulturalismus. In:
Hall, Stuart (2004): Ideologie, Identität, Repräsentation. Ausgewählte
Schriften 4, 4. Aufl. Hamburg (im Original: »Kultur erschüttern«).

14 Damit sind Diskurse gemeint, die als Praktiken angesehen werden und
»Gegenstände bilden, von denen sie sprechen« (Foucault 1994, S. 74). Fou-
cault verweist dabei auf das »soziale Element« der Diskurse, weil dies den
Anspruch erhebt, Öffentlichkeit zu erstellen und somit eine öffentliche
Meinung zu reproduzieren und etablieren.

Rassistische Verhaltensweisen, Einstellungen und Artikulationen entstehen nicht im politischen Vakuum, sondern haben ihren Ursprung
in vorgefundenen Herrschaftsideologien. So wundert es nicht, dass
rassistische Übergriffe seit der Zuspitzung der Finanzkrise eine neue
Konjunktur erleben und damit klare Hinweise auf Zusammenhänge
zwischen Rassismus und Austeritätspolitik geben. Gerade der Antimuslimische Rassismus erreichte in der Bundesrepublik in den letzten
Jahren einen Höhepunkt. Er fiel nicht von ungefähr in eine politische Ära, in der die schwerwiegendsten Kürzungen am Sozialstaat
seit der Gründung der Bundesrepublik verabschiedet wurden.[15] Insofern liegt es nahe, dass in der Migrationsdebatte[16] unter Rückgriff
auf rassistische Muster auch von staatstragender Seite samt etablierten
Meinungsmachern soziale Widersprüche kaschiert werden. Zumindest teilweise unter Beobachtung des Verfassungsschutzes begleiteten
Neonazis als selbsterklärte »Vollstrecker des Volkswillens« diese stark

---

15 Die »Agenda 2010« war eine der schwerwiegendsten Eingriffe in den Sozial-
    staat seit der Gründung der BRD, weil damit alle großen Bereiche der sozia-
    len Absicherung »reformiert« wurden: Die Kürzung der Arbeitslosengeld-
    Bezugsdauer, die Abschaffung der Arbeitslosenhilfe zugunsten des neuen
    Arbeitslosengelds II auf Sozialhilfeniveau, die Verschärfung der Sanktionen
    und nicht zuletzt die mit den Hartz-Reformen verbundenen Deregulierun-
    gen des Arbeitsmarkts führten zu einer gravierenden Verschlechterung der
    Lage von Arbeitslosen und Beschäftigten. Mit dem »Sparpaket« von 2010
    wurde ein politisches Projekt durchgesetzt, mit dessen Hilfe Deutschland sei-
    ne Stabilitätskultur europäisierte (Stützle, S. 298). Deshalb kann dieses »Spar-
    paket« sowohl innen- als auch außenpolitisch als eine Zäsur in der hegemo-
    nialen Durchsetzung der jüngeren Austeritätspolitik betrachtet werden.

16 Ausgangspunkt dieser Entwicklung war die Reform des Staatsangehörig-
    keitsrechts, in dem die Abschaffung des Blutprinzips (ius sanguinis) zu-
    gunsten eines Rechts auf Einbürgerung für in Deutschland Geborene gelten
    sollte. Der gesellschaftliche Stellenwert und die (Nicht-)Anerkennung von
    Migration sowie die Frage, ob Deutschland ein Einwanderungsland sei, wa-
    ren die zentralen Momente der Debatte. Flankiert wurde die Reform v. a.
    seitens der Unionsparteien mit rassistischer Stimmungsmache durch Paro-
    len wie »Kinder statt Inder«. Rassistische Übergriffe und Gewalttaten bis hin
    zu Morden waren die Begleitmusik dieser Debatte. (Mehr dazu vgl. Juliane
    Karakayali / Bernd Kasparek: Mord im rassistischen Kontinuum. In: analy-
    se & kritik. Zeitung für linke Debatte und Praxis, 19.11.2013.)

emotionalisiert geführte Auseinandersetzung mit der nun weithin be-
kannten Mordserie.

Rassismus als eigenständige Ideologie liegt der Begriff der Rassi-
fizierung zugrunde. Dies ist ein Prozess, bei dem das Aufrufen und
Verwenden der Kategorisierung »Rasse« sowie die damit verbunde-
nen Zuschreibungen von Merkmalen und Eigenschaften dazu dienen,
Personen bzw. Personengruppen als wesentlich anders zu markieren.
Die Kategorie »Rasse« wiederum ist ein Konstrukt, das durch Rassismus erst geschaffen wird, da es jenseits rassistischer Zuschreibungen
keine »Rassen« geben kann. Das heißt, dass »Rasse« als Mittel dient,
um Personen bzw. Personengruppen bewertend zu klassifizieren
(Nduka Agwu / Lann Hornscheit 2010, S. 13). Die alltagssprachliche
Definition des Begriffs »Rasse« steht der heutigen Verwendung des
englischen Begriffs »race« konzeptuell nahe, der einerseits als politische Analysekategorie verstanden wird, andererseits die soziokultu-
relle Konstruktion des Rassismus veranschaulicht (Kelly 2010, S. 345).
Historisch gesehen war der Begriff »Rasse« bis ins 17. Jahrhundert für
die Klassifizierung von Tier- und Pflanzenarten gebräuchlich. Gegen
Ende des 17. Jahrhunderts wurde er auf die Menschen übertragen, der
diese anfänglich nach biologischen Merkmalen sowie entsprechenden
Verallgemeinerungen, Verabsolutierungen, Wertungen und Hierar-
chisierungen kennzeichnete. Erst im kolonialen Gefüge erfuhr der
biologistisch verwendete Begriff soziale und kulturelle Attribute, die
zur Herausbildung von Rassentheorien mit dem Anspruch an Wissen-
schaftlichkeit führte (Arndt 2004, S. 198).

Die Geschichte des Rassismus seit dem 15. Jahrhundert zeigt, wie
anpassungsfähig diese Ideologie ist. Sie fand im Kolonialismus bzw.
in verschiedenen Phasen des Imperialismus in unterschiedlichen Formen ihren Ausdruck. Unter spezifischen historischen Bedingungen
nahm der Rassismus je nach dominanten Klassenverhältnissen und
konkreter gesellschaftlicher Zusammensetzung die jeweils nützlich
erscheinende ideologische Gestalt an (Hall 1994, S. 135). Damit ist
der Rassismus ohne den historischen und dazugehörigen strukturellen Kontext nicht zu begreifen. Schon während der Reconquista im
15. Jahrhundert strebte man einen spanischen »Nationalstaat« an, der

nicht nur religiös, sondern auch »ethnisch« homogen war. Siebenhundert Jahre muslimisch-jüdisch-christliche Geschichte wurde durch die »Vorkämpfer des Abendlandes« zerstört – mit dem Ziel, die Mohammedaner zu vertreiben und auszurotten, selbst wenn sie sich taufen ließen. Juden erwartete das gleiche Schicksal auf der iberischen Halbinsel[17] (Voß / Wolter 2013, S. 11). Mit der zunehmenden Kolonialisierung der Welt erfinden sich, so Balibar und Wallerstein (1988, S. 56), die Nationalstaaten, die keineswegs als natürliche Konsequenz der Existenz der Völker zu verstehen sind. Deren Entstehung sehen sie im Zuge der kolonial-imperialen Expansionen, im kolonialistischen Wettbewerb: der »imperialistische Überlegenheitskomplex« entsteht von der Annahme der Existenz einer »weißen Überlegenheit«, in der »Verteidigung der Zivilisation gegen die Wilden«. Das wird auch als der Entstehungsmoment der so genannten »europäischen oder westlichen, supranationalen Identität« verstanden.

Hier dient Rassismus als Methode, Menschen zu klassifizieren und zu hierarchisieren. Nicht zuletzt war er bedeutend bei der Entstehung moderner Gesellschaften; stets war auch eine Rechtfertigungsideologie im Rahmen kapitalistischer Expansion und nationalstaatlicher Konkurrenzkämpfe.

Nach dem Zweiten Weltkrieg, insbesondere im Zuge der Dekolonialisierung des größten Teils der Welt und der Auseinandersetzung mit dem Holocaust, war der »Rasse«-Begriff nicht mehr gebräuchlich (Klinger / Yilmaz-Günay, S. 21). Auch wird im ersten Artikel der

---

17   Etienne Balibar (2000, S. 111 f) schreibt in seinem Aufsatz »Es gibt keinen Staat in Europa«: In der Tat enthält die europäische Kultur (also die Idee oder der Mythos Europa) im Kern, wenn schon nicht mit ihr gleichsetzbar, zwei spezifisch rassistische ideologische Schemata, die fortwährend kollektive Gedächtnis- und Wahrnehmungseffekte hervorbringen können: das koloniale und das antisemitische Schema. ... Zunächst ist die »Entkolonisierung« weder vollständig gewesen (schon gar nicht in Ländern wie Frankreich), noch hat sie das, was die »Aufteilung der Welt« unter die so genannten »zivilisierten«, in Wirklichkeit eher die Barbarei bringenden Nationen bedeutet hatte, tatsächlich kollektiv zu Bewusstsein gebracht. Des Weiteren ist auch der Antisemitismus ein europäisches Phänomen gewesen, ganz so, wie die Kolonisierung ein europäisches Unternehmen war.

UNESCO auf die wissenschaftliche Unbrauchbarkeit und inadäquate Analyse des »Rasse«-Begriffs hingewiesen. Damit wurde die Vorstellung der Existenz menschlicher »Rassen« im internationalen Maßstab auch auf hoher politischer Ebene verworfen.

Warum existieren also immer noch Rassismen? Um nachvollziehbar zu machen, warum beispielsweise die Hetze gegen Muslime rassistisch ist, bedarf es einer kurzen Vorstellung einer neueren Definition von Rassismus. Stuart Hall (1932 – 2014) sprach von »Rassismus ohne Rassen«, dem »Neorassismus« oder dem »differenzierten Rassismus«. Hall (1994, S. 207) äußert sich zum »Rasse«-Begriff wie folgt: »›Rasse‹ ist eine diskursive, keine biologische Kategorie. D. h. sie ist die organisierende Kategorie der Sprechweisen, Repräsentationssysteme und sozialen Praktiken (Diskurse), die einen lockeren, oft unspezifizierten Zusammenhang von Unterscheidungen nach physischen Charakteristiken – Hautfarbe, Haarform, physische und körperliche Eigenschaften – als symbolische Markierungen dazu benutzen, um eine Gruppe gesellschaftlich von einer anderen zu unterscheiden«.

Konzeptionen von »Rasse« haben seit Mitte des 20. Jahrhunderts deutlich an Stellenwert verloren, auch wenn sie nicht komplett verschwunden sind. Soziale und kulturelle Merkmale von gesellschaftlichen Gruppierungen werden mit symbolischen Markierungen wie »Ethnizität« belegt, die als Ersatz für den »Rasse«-Begriff dienen. So existiert Rassismus auch ohne »Rassen« weiterhin, was den Weg zur adäquaten Erfassung des Rassismusbegriffs erschwert.

Grundsätzlich kann in den Rassismusforschungen zwischen zwei etablierten Forschungsfeldern und Strömungen unterschieden werden: der primär soziologischen und der primär marxistischen. Bei der ersten wird »Rasse« als soziale Kategorie behandelt, bei der zweiten werden darüber hinaus die ökonomischen Beziehungen hervorgehoben, auf denen die sozialen Strukturen der Gesellschaftsformationen aufbauen (Hall 1994, S. 89 f). Hall wendet sich von monokausalen und reduktionistischen Erklärungsmustern ab, die sowohl in manchen soziologischen als auch in einigen marxistischen Rassismusanalysen vorzufinden seien. Er macht den Versuch, Rassismus von seinen vielfältigen Wurzeln her zu erläutern, und legitimiert die Notwendigkeit

beider analytischer Ausgangspositionen, Rassismus immer hinsichtlich der jeweiligen ökonomischen Bedingungen *und* sozialen Gege-
benheiten zu analysieren. Durch die Entstehung »rassistischer Klas-
sifikationssysteme«, die den Ausschluss bestimmter Gruppen von
materiellen und symbolischen Ressourcen[18] bedeutet, baut sich eine
binäre Spaltung auf, deren Ziel es ist, »Identität zu produzieren und
Identifikation abzusichern« (Hall 1989, S. 919). Besonders wirkmächtig
zeigt sich Rassismus in Alltagssituationen, in denen Klassenzugehörig-
keit nicht immer sichtbar ist. Hier kommen körperliche Merkmale
und Eigenschaften zum Tragen, die Personen bzw. Personengruppen
als inhärent anders markieren. Der Kategorisierung einer bestimmten Gruppe und der daraus folgenden Differenz durch Klassifizierun-
gen, die sich auf bestimmte körperliche Merkmale beziehen, folgt die
Konstruktion der eigenen Identität und die des »Anderen«, bei der
sich erstere immer als positives Spiegelbild zu letzterer verhält. Rassistische Ideologien entstehen nach Hall (ebd., S. 913) »immer dann,
wenn die Produktion von Bedeutung mit Machtstrategien verknüpft
sind und diese dazu dienen, bestimmte Gruppen vom Zugang zu kulturellen und symbolischen Ressourcen auszuschließen«.

Rassismus als Ideologie hat vielfältige Funktionen. Jenseits perma-
nenter Unterwerfung, der Verfestigung sozial und politisch ungleicher
Verhältnisse, der Stützung ökonomischer Ausbeutung und in Extrem-
fällen der Vernichtung dient die rassistische Ideologie als Mittel zur
Klassenspaltung, um kollektiven Widerstands- und Emanzipations-
momenten entgegenzuwirken. Darum müssen Analysen rassistisch
strukturierter Systeme notwendigerweise mit ökonomischen Erklä-
rungsansätzen verknüpft werden. Nur so kann es gelingen, Rassismus
historisch einzubetten und seine Ursachen in spezifischen Epochen
den jeweiligen (Herrschafts-)Ideologien zuzuordnen. Da Rassismus
historisch wie gegenwärtig jeweils spezifische Ausprägungen hat,
lassen sich weder allgemein gültige Ursachen für ihn festlegen noch
grundsätzlich zum Erfolg führende Gegenstrategien entwickeln (Hall

---

18   Damit sind v. a. soziale und bürgerliche Rechte wie politische Teilhabe, Zu-
     gang zu Arbeit und Bildung usw. gemeint.

1994, S. 89 ff). In Halls Worten: »Ob [Rassismus] für die gesamte Gesellschaftsformation die Funktion einer zementierenden Ideologie
unter einer herrschenden Klasse übernahm oder in Differenz zu anderen hegemonialen Ideologien stand, muss in allen Details festgestellt
werden.« (Hall 1994, S. 135)

Für die Erklärung des Antimuslimischen Rassismus ist Halls Ansatz von grundlegender Bedeutung, weil dieser im Widerspruch zu kolonialistischen Vorstellungen und Praxen sowie jenseits faschistischer
Ideologie aufzeigt, wie Rassismus auch ohne die Konstruktion von
»Rassen« existieren kann. Im Falle des Antimuslimischen Rassismus
fungieren danach »Kultur«, »Religion« oder »Ethnie« als Platzhalter
für »Rasse«.

Islamophobie, Islamfeindlichkeit
oder Antimuslimischer Rassismus?

Sowohl in vielen wissenschaftlichen Untersuchungen als auch in gesellschaftlichen Auseinandersetzungen zirkulieren unterschiedliche
Bezeichnungen, die die Feindschaft, strukturelle Diskriminierung
und Ängste gegenüber dem Islam, den Muslimen und muslimisierten
Menschen sowie islamischen Einrichtungen zu erfassen versuchen.
Längst ist neben den Begriff der Islamophobie der der Islamfeindlichkeit getreten. In den letzten Jahren ist nun zunehmend von Antimuslimischem Rassismus die Rede, der nicht nur in wissenschaftlichen
Abhandlungen, sondern zunehmend auch in der praktischen politischen Bildungsarbeit Gegenstand kritischer Analysen ist.[19] Es lässt
sich insgesamt darüber streiten, ob sich einer dieser drei Begriffe in
den Debatten durchgesetzt hat. In ihren Entstehungsprozessen, Ausformungen und Auswirkungen, die diese auf die Betroffenen haben,
vollziehen sich drei Stränge, die sich theoretisch voneinander unter-

---

19 Zunehmend arbeiten auch Bildungsvereine und -träger zum Thema Antimuslimischer Rassismus wie beispielsweise das Informations- und Dokumentationszentrum für Antirassismusarbeit e. V. oder die Kreuzberger Initiative gegen Antisemitismus.

scheiden. Daher ist vorzuziehen, von Antimuslimischem Rassismus zu sprechen, weil er – auch mit Blick auf gesellschaftspolitische Bedingungen und Funktionen – umfassender die *Prozesse* der Diskriminierung, Feindschaft und existierender Ängste beschreibt und eine präzisere Darstellung von deren Entstehung, Weiterentwicklung und deren Auswirkungen anbietet.

Dagegen verbleibt der Begriff der Islamophobie vor allem auf der psychologischen Ebene. Kühnel und Leibold (2008, S. 100 ff) beschreiben ihn in Anlehnung an den Begriff »Xenophobie« als eine irrationale Furcht in genereller Ablehnung gegenüber einem nicht näher definierten Islam, Muslimen und allen Glaubenseinrichtungen, Symbolen und religiösen Praktiken des Islams. Er umfasse »generell ablehnende Einstellungen gegenüber Muslimen, pauschale Abwertungen der islamischen Kultur und distanzierte Verhaltensabsichten gegenüber Muslimen« (ebd., S. 137).

Terminologisch erfreut sich der Begriff Islamophobie in kritischen Wissenschaften keiner großen Beliebtheit. Iman Attia beschreibt die Benennung »Phobie«, also die Furcht, die diesem Begriff zugrunde liegt, als unzureichend erklärend, da hierbei der Eindruck eines kulturell schwachen Westens entsteht, der von einem erstarkenden Islam bedroht werde. Auf diese Weise wirkt diese emotionalisierte Komponente individualisierend und manipulierend, weil hierbei ausschließlich die Ängste und Zweifel einzelner Individuen und keineswegs die diskriminierte Gruppe der Betroffenen in den Blick genommen wird. Mehr noch: Da der Islamophobie-Begriff von sozialen und politischen Funktionen abstrahiert, wird zum einen institutioneller Rassismus ausgeblendet; zum anderen bleibt damit unerklärt, inwieweit und zu welchem Zweck Ängste mitunter gezielt geschürt werden.

Auch Yasemin Shooman verwirft die Bezeichnung »Islamophobie«, indem sie betont, dass die Einstellungen von Menschen bestimmten Gruppen gegenüber nicht auf individuellen Abneigungen und Vorlieben basieren, sondern der aktive Prozess konstruierter Bilder und Stereotype im Rahmen der Macht- und Dominanzverhältnisse betrachtet werden muss. Der Aspekt der sich daraus ergebenen

Machtasymmetrie zwischen gesellschaftlich vorherrschenden Standpunkten und marginalisierten Positionen darf an dieser Stelle nicht ausgeblendet werden (Shoomann, 2011), weshalb auch die Bezeichnung »Islamfeindschaft« in dieser Rahmendeutung unzureichend für die Beschreibung des Phänomens ist. Das Konzept der Feindschaft zielt nicht auf machtwirkende gesellschaftliche Positionen ab, von denen aus kollektive Zuschreibungen Muslimen gegenüber vorgenommen werden. Da aber der Machtaspekt, wie von Stuart Hall herausgestellt, ein unverzichtbarer Bestandteil von Rassismusdefinitionen ist, eignet sich der Rassismusbegriff zur Erfassung des Phänomens am besten. Dagegen können Begriffe wie »Phobie«, »Vorurteile« oder »Feindschaft« der Tragweite des Phänomens nicht hinlänglich gerecht werden (vgl. ebd.).

Antimuslimischer Rassismus: Definition und Funktionen

Die Bezeichnung »Antimuslimischer Rassismus« stellt eine Erweiterung der Begriffe »Islamophobie« und »Islamfeindschaft« dar, indem sie auch die Ethnisierung der Kategorie »Muslime« mit einbezieht und deren gesellschaftlichen Ursachen und Wirkungen nachgeht. Es handelt sich hierbei, so Shooman (ebd.), nicht um eine »freiwillige Identität«, die man wählen oder ablegen kann. Vielmehr werden Menschen mit kollektiven Zuschreibungen versehen und in Opposition zur »eigenen« Gruppe verortet. So können als Muslime markierte Menschen diesem Konstruktionsprozess kaum entrinnen. Konkret richtet sich dieser Rassismus gegen Menschen insbesondere mit arabischen oder türkischen familiären Hintergründen bzw. gegen jene, die aus einer dominanten gesellschaftlichen Position heraus als solche wahrgenommen und markiert werden.[20] Konsequenterweise muss an dieser Stelle Antimuslimischer Rassismus vom Islam entkoppelt wer-

---

20 Selbstverständlich fallen unter die genannten Gruppen nicht nur türkische und arabische Menschen, sondern auch bspw. persische. Menschen etwa mit kurdischem Hintergrund werden aus einer dominanten Position heraus oft als Türken wahrgenommen.

den, da hiervon auch Menschen betroffen sind, die sich selbst nicht als Muslime verstehen (Eickhof 2010, S. 44).

Ilka Eickhof beschreibt weiter, dass Muslime aufgrund signifikant religiöser wie auch nicht religiöser Merkmale wie Aussehen, Name, Akzent oder Kopftuch nach religiös-kulturellen Abweichungen und mit Verweisen auf ihre Mentalität, Kultur, Religion und Tradition kategorisiert werden. Das heißt, einer vermeintlich muslimischen Gemeinschaft werden kulturalisierte Lebensentwürfe zugeschrieben. Folglich münden Vorbehalte und (geschürte) Ängste in Bezug auf den Islam oftmals in rassistische Praktiken. Jedoch handelt es sich beim Antimuslimischen Rassismus weniger um Religionskritik oder um Kritik des politischen Islam. Vielmehr geht er – wie oben erwähnt – über die tatsächliche oder vermeintliche Religionszugehörigkeit der Betroffenen hinaus. Unter diese Kategorisierung fallen daher nicht nur Menschen, die allgemein als »muslimisch« eingeordnet werden, sondern auch solche, die dem Anschein nach aus muslimisch geprägten Ländern stammen (ebd., S. 45). Durch solcherlei Regelung von (Nicht-)Zugehörigkeiten erfolgt eine konstruierte Gegenüberstellung von »Muslimisch-Sein« und »Deutsch-Sein«. Das bedeutet, dass es beim Antimuslimischen Rassismus nicht nur um die Abwertung von Muslimen geht, sondern auch um die Wahrung der eigenen Privilegien – und seien sie noch so gering – durch Exklusionsmechanismen: Abgrenzung nach Außen und Identitätsstiftung nach innen.

Weitere Funktionen des Antimuslimischen Rassismus im Rahmen marxistischer Analysen, unter geschichtspolitischen Gesichtspunkten sowie im Rahmen neoliberaler und großmachtpolitischer Ambitionen werden in den Kapiteln 3 und 4 ausführlicher dargestellt.

Exkurs: Über die Rezeption des Wortes »Muslim« im deutschen Sprachgebrauch

In der Analyse zur Begriffsdefinition von »Muslim« aus aktuellen und vergangenen deutschen Wörterbüchern wie dem *Duden*, dem *Wörterbuch der deutschen Gegenwartssprache*, dem *Brockhaus*, *Meyers Lexikon* und dem *Wahrig* stellt Hanna Acke (2010, S. 329) fest, dass der Begriff »Muslim« insgesamt mit explizit ethnischen und nationalen

Zuschreibungen versehen wurde. »Muslim« wird häufig mit »Araber« gleichgesetzt, wodurch eine unbegründete Pauschalisierung aller Muslimen als arabischsprachig stattfindet. Dazu kommt noch die rassifizierende/ethnisierende Komponente in Verbindung mit einer »Religiosisierung« (Hornscheidt 2010). Eine asymmetrische Benennung wie »Muslimen« »Deutschen« gegenüberzustellen, zeugt außerdem davon, die Existenz deutscher Muslime zu ignorieren.

»Der Muslim ist der Mensch, den die anderen als solchen betrachten«[21]

Über Muslime zu sprechen, erfordert eine ernsthafte Auseinandersetzung mit der deutschen Migrationsgeschichte. Davon war in den zahlreich medial inszenierten Debatten, die schon die Reform des Staatsangehörigkeitsrechts begleiteten, nicht viel zu sehen. Auch in der Folge kam die »Ausländer- oder Integrationsdebatte« – gerade durch die rechtskonservative Aufwartung gegen die Anerkennung der Migrationsgeschichte der »Gastarbeiter« – kaum ohne Muslime aus. Wenn über Integration gesprochen wurde, so waren jedenfalls in den meisten Fällen Muslime gemeint. Ob kulturelle, ethnische oder religiöse Differenzierungslinien als trennendes Moment herangezogen wurden, hing immer von den situativ passenden Projektionen ab. Die Herabsetzung – bis hin zur Verachtung – richtet sich an stereotypisierten, verzerrten, negativ aufgeladenen Vorstellungen aus: Mal ist es der Islam als minderwertig begriffene Religion, mal das kulturelle Milieu von Muslimen; mal sind Muslime als sozial schwache Gruppe, mal Muslime als Terroristen (Emcke 2010, S. 215 f) gemeint – je nachdem, welche Schlagwörter Konjunktur haben. Aber auch islamferne Thematiken bekamen eine ungeahnte Reichweite:

---

21   Zitat aus Carolin Emcke: »Der verdoppelte Hass der modernen Islamfeindlichkeit«. In: Deutsche Zustände. Folge 9. Berlin, S. 214. Es lehnt sich an eine Auffassung von Jean-Paul Sartre an, der 1946 in »Réflexions sur la question juive«, erklärt hatte: »Der Jude ist der Mensch, den die anderen als solchen betrachten. … Der Antisemit *macht* den Juden.«

innen- und außenpolitisch wurden Themenbereiche miteinander verknüpft, die auf den ersten Blick keinerlei Verbindungen zueinander
zu haben schienen. Doch der Brückenschlag zwischen Überwachung,
Repression, Sicherheitspolitik und expansiver Außenpolitik auch
unter Verwendung militärischer Mittel einerseits und den in Deutschland lebenden Muslimen andererseits funktionierte erstaunlich gut.
In Printmedien, Talkshows und anderen medialen Formaten sowie in
akademischen und gesellschaftspolitischen Debatten – in den letzten
Jahren zunehmend auch in der politischen Bildungsarbeit im Sinne
der so genannten Islamismusprävention – fand dies seinen entsprechenden Niederschlag.

Diese Schauplätze fortwährender Ressentiments vermitteln ein
»scheinbares Wissen über eine Religion und deren Gläubige, die den
allermeisten der Mehrheitsgesellschaft gänzlich unbekannt sind und
die sie lediglich in extremen und stereotypen Ausschnitten vermittelt
bekommen« (Küpper 2010, S. 212). Mit diesem etablierten geschlosse-
nen System an Vorurteilen werden von Rassismus betroffene Muslime
und Nicht-Muslime auch nach ihrer Verwertbarkeit klassifiziert. Miss-
trauen, Verachtung und Hass werden salonfähig gemacht und damit
rassistische Haltungen enttabuisiert. Die Schaffung eines muslimischen Kollektivs mit den genannten Projektionen ist zur alltäglichen
Erfahrungspraxis für Muslime und muslimisierte Personen geworden,
was ihre Identität zugleich maßgeblich mitprägt. Eine Wahrnehmung
als Muslim, Muslima oder als solche markierte Person hat gravierende
Auswirkung auf das alltägliche Leben. In Bezug auf klassische Verteilungskonflikte, wie die Teilhabe an sozialen, kulturellen und materiellen Gütern, werden Zugangsrechte ausgehandelt. Im Vergleich
zu deutschen[22] Arbeitssuchenden werden Migranten in der Regel
Stellen aus dem minderqualifizierten Bereich vermittelt. So haben
beispielsweise Muslima und Frauen, die ein Kopftuch tragen, wesentlich schlechtere Chancen, im Öffentlichen Dienst einen Arbeitsplatz
zu bekommen als andere. Bei christlichen Wohlfahrtsverbänden gab

---

22   Gemeint sind in diesem Zusammenhang Menschen ohne migrantischen
      Hintergrund und mit deutschem Pass.

es über einen langen Zeitraum einen Ausschluss von Andersgläubigen bei qualifizierten Anstellungsverhältnissen (vgl. Rommelspacher, S. 256 ff). Einem Bericht von *Amnesty International* über die Lebenssituation von Muslimen in vielen europäischen Ländern ist die massive Benachteiligung dieser auf dem Arbeitsmarkt zu entnehmen (Amnesty International, 2012). Im Bereich Bildung lässt sich ebenso feststellen, dass die Benachteiligung vor allem aufgrund der Religiosität ein Hindernis darstellt[23] (Sachverständigenrat deutscher Stiftungen für Integration und Migration 2014). Weitere Aspekte, die restriktiv auf das Leben der Muslime einwirken, zeigen sich auch im Umgang mit Zugangsmöglichkeiten zu Freizeitveranstaltungen wie in Fitnessclubs und auf Festlichkeiten (Büro zur Umsetzung von Gleichberechtigung e. V., 2012).

»Normalität« wird ihnen meist nicht zugestanden. Katajun Amipur[24] erzählt, dass sie seit dem 11. September 2001 des Öfteren gefragt wird, ob sie eine *richtige Muslimin* sei oder nur eine *Kulturmuslimin*. Auf ihre Gegenfrage, was eine *richtige Muslimin* sei, lautet die Antwort: richtige Muslime würden fünfmal am Tag beten, keinen Alkohol trinken, ein Kopftuch tragen und im Ramadan fasten. *Kulturmuslime* hingegen seien lediglich in einem islamischen Umfeld sozialisiert worden, wobei der Islam nicht das Zentrale in ihrem Leben wäre. Doch auf diese Art kann keine Auskunft über die Lebensrealität der Menschen gegeben werden. Wie sollen denn die Angehörigen der viel

---

23 Jugendliche mit türkischem Namen haben einer Studie zufolge weniger Chancen bei der Bewerbung um einen Ausbildungsplatz als Jugendliche mit deutschem Namen, auch wenn sie die gleiche Qualifikation haben. Bewerber mit türkischem Namen werden laut Sachverständigenrat deutscher Stiftungen für Integration und Migration (SVR) in Berlin nicht gleichwertig behandelt. Die Einrichtung hatte gut 3.500 Bewerbungen für Ausbildungsplätze verschickt. Jedes Unternehmen erhielt zwei fiktive Bewerbungen: Ein Jugendlicher hatte einen türkischen, der andere einen deutschen Namen. Obwohl beide Interessenten gleich gut qualifiziert waren, wurde der Bewerber mit deutschem Namen weit häufiger zum Vorstellungsgespräch eingeladen.

24 Vgl. Beitrag von Katajun Amipur. In: Hilal Sezgin (Hg.): Manifest der Vielen. Deutschland erfindet sich neu, Berlin 2011.

zitierten zweiten und dritten Generation in einem muslimisch soziali-
sierten Umfeld aufwachsen, wenn sie in einem Land leben, in dem die
Mehrheit der Gesellschaft nicht muslimisch ist, in dem sie deutsche
Schulen besuchen, arbeiten und ihren Lebensmittelpunkt bestreiten?
Es gibt zahllose, oft anekdotenhafte Erfahrungsberichte hinsichtlich
der Muslimisierung von als Migranten wahrgenommen Menschen,
die eine erstaunliche Absurdität und Irrationalität besitzen und darauf
hinauslaufen, was Aiman Mazyek, Vorsitzender des Zentralrats der
Muslime, im September 2014 wie folgt zusammenfasste: »Ob in der
Schule oder im Arbeitsalltag, ständig müssen Muslime sich für die
Taten von Terroristen rechtfertigen.«[25]

»Das Spektakel des ›Anderen‹«[26] – Postkoloniale Perspektiven, Begegnungen und Analysen

Im Zusammenhang mit Rassismus sind identitäts- und repräsenta-
tionsstiftende Konzepte zur Vermittlung und Produktion naturalisie-
render Kategorien wesentlich. Auch der Entstehung des Antimuslimischen Rassismus liegt die Reproduktion von Bildern und Stereotypen
zugrunde: Der kollektiven Identität »Deutsch-Sein« steht unter anderem »Türkisch-Sein« und »Arabisch-Sein« – oder einfach: »Muslimisch-Sein« – gegenüber. Wenn über »*die* Türken« oder »*die* Araber«
als Leistungsbezieher, frauenfeindliche Clanführer und Familienpa-
triarchen oder als Integrationsverweigerer gesprochen wird, dann
selbstverständlich als nicht dazugehöriger Teil in der »deutschen« Gesellschaft (Spielhaus 2013, S. 14). Die Analyse von etablierten Herrschaftsstrukturen und marginalisierten Positionen – mit deren Folge
von Einschluss- und Ausschlussmechanismen – sowie die daraus

---

25   »Wir könnten, ja wir sollten noch lauter sein«, Interview mit Aman Mazyek.
      In: Süddeutsche Zeitung, 5. September 2014, S. 5.

26   »Das Spektakel des ›Anderen‹« ist ein Aufsatz von Stuart Hall, in dem er
      sich Fragen der Repräsentation und Differenz widmet sowie damit, wie
      »populäre Figuren« und Stereotype von »Andersheit« in der Alltagskultur
      repräsentiert werden.

resultierenden alltagsstrukturierenden Differenzierungen und Kate-
gorisierungen geben Auskunft über Entstehungsprozesse von struktureller Diskriminierung, Stereotypisierung und Diffamierung. Um
die Konstruktion repräsentativer und identitärer Bilder und Stereotype nachvollziehen zu können, zeigt sich eine Auseinandersetzung
mit kritischen theoretischen Ansätzen, die deren Entstehung sichtbar
machen, als unabdingbar.

Beispielhaft dafür stehen die postkolonialen Theorien und Studien – auch als postkoloniale Kritik bezeichnet –, die sich der politischen, sozialen und kulturellen Situation ehemals kolonialisierter und
kolonisierender Länder widmen.[27] Zwar besteht keine verbindende
offen koloniale Geschichte zwischen Deutschland und den »Heimat-
ländern« der in der Bundesrepublik von Antimuslimischem Rassismus Betroffenen; jedoch bietet diese Auseinandersetzung Einblicke
in die Entstehungsgeschichte der heute vorherrschenden Islambilder,
die für die Erklärung des Antimuslimischen Rassismus unvermeidlich
sind. Nach Küster (1998, S. 179) kann man postkoloniale Theorie »als
interdisziplinäres, kritisches Forschungsunternehmen betrachten, das
die komplexen Dynamiken soziokultureller Formation und Interak-
tion vor dem Hintergrund jener Länder untersucht, welche wesentlich von der Erfahrung des Kolonialismus geprägt wurden und, trotz
mittlerweile gewonnener politischer Unabhängigkeit, immer noch
sind.« Demzufolge stellt postkoloniale Kritik ein theoretisches Gerüst
dar, mit dem Rassismus, Identität, Widerstand, gesellschaftliche Ausschlussmechanismen sowie Herrschaftsstrukturen untersucht, sichtbar
gemacht und diskutiert werden. Nach Dietrich (2007, S. 26 ff) kriti-

---

27 Auf die postkoloniale Theorie wird hier zurückgegriffen, da sie gerade für
die Erklärung von Antimuslimischem Rassismus nützlich ist. Ungeachtet
dessen besteht eine ihrer offensichtlichen Schwächen darin, dass die Vorsil-
be »post-« suggerieren kann, es gäbe keine kolonialen Kontinuitäten. Diese
Annahme würde gerade in Zeiten einer wieder verstärkt militärisch abgesi-
cherten Vorherrschaft des Westens – einschließlich einer zunehmend offen
etablierten Statthalterpolitik – in die Irre führen. Zudem soll hier die Kritik
an der postkolonialen Theorie, sie würde die ökonomischen Ursachen von
Kolonialismus zugunsten einer vor allem kulturellen Analyse in den Hintergrund stellen, nicht in Abrede gestellt werden.

sieren postkoloniale Theorien »die Vorstellung einseitiger kultureller, ökonomischer, vermeintlich zivilisatorischer Hinterlassenschaften« der klassischen Kolonialmächte. Stuart Hall (2002, S. 231) bezeichnete den Kolonialismus als »konstitutive Außenseite der europäischen und dann der westlichen kapitalistischen Moderne nach 1492«. Hall rückt diskursive und kulturelle Dimensionen in den Vordergrund, stellt den traditionellen Kulturbegriff in Frage und erkennt dessen Funktion, nämlich die Einordnung von Gesellschaften nach binären Schemata, nicht an. Der Westen hat in einem gewaltvollen kolonialen Gefüge ein Wissensgut produziert und strukturiert, das bis heute fortbesteht. Conrad und Randeria (2002, S. 34) halten dazu fest: »Modernes Wissen war nicht nur ein Instrument und Waffe, sondern auch selbst Produkt eines Kontextes diskursiver Praktiken. Die kulturellen und sozialen Zusammenhänge der kolonialen Epoche hatten daher in den Produkten der europäischen Wissensordnung ihre Spuren hinterlassen.«

Eine Analyse des Antimuslimischen Rassismus, deren theoretische Grundlage sich aus den postkolonialen Studien ableitet, stellt die dominante »Kultur« und ihre Bedeutung in den Vordergrund der Auseinandersetzung und hinterfragt sie zugleich. In diesem Kontext kommt dem Begriff Islam eine enorme Bedeutung zu, der – als die wahrgenommene »andere Kultur« – mit dem Orient assoziiert wird. Die zu dieser »Kultur« Dazugehörigen werden als Orientalen und Muslime markiert und wahrgenommen (Attia 2007, S. 6). Welche Rolle spielen nun Orient- und Islambilder im herrschenden Diskurs über Antimuslimischen Rassismus?

»Orientalism« und Antimuslimischer Rassismus

Edward Saids »Orientalism« nimmt eine wesentliche Rolle in der Analyse des Antimuslimischen Rassismus ein. Er erläutert sein Konzept des »Orientalism« als einen komplexen Prozess des Fremd- und Different-Machens, dem eine dualistische Logik zugrunde liegt: »die Anderen« und »das abendländische zivilisierte Selbst« (Castro Varels /

Dhawan 2007, S. 31). Verallgemeinernd wird in der hegemonialen Logik »der Orient« bzw. »der Islam« als eine Kultur dargestellt und begriffen, die zur Produktion des »Anderen« führt – auch »Othering«[28] genannt. Die kulturellen und wissenschaftlichen Repräsentationen des Anderen stellte Said im Kontext politischer Herrschaft in den Zusammenhang von Kolonialismus (Said 1994, S. 266 f). Durch den Antimuslimischen Rassismus werden die so hergestellten Unterschiede vor dem Hintergrund westlich-hegemonialer Politik verallgemeinert, verabsolutiert und gewertet. Ausgehend von einer konstruierten Normsetzung des »Eigenen« wurde das »Andere« erfunden und homogenisiert.

Die Hoheit über sprachliche Begriffe war im Kontext des Kolonialismus entscheidend zur Herstellung und Vermittlung des Legitimationsmythos, da die Politik der gewaltvollen Eroberung, Ausbeutung und Unterdrückung angesichts bürgerlicher Ideale wie »Freiheit«, »Gleichheit« und »Brüderlichkeit« in Europa eine Rechtfertigungsideologie erforderte (Arndt/Hornscheidt 2004, S. 11).[29] So auch im Hinblick auf den Islam und den Antimuslimischen Rassismus: Der gänzlich unterlegene und unterentwickelte Orient bzw. Islam – also das »Andere« – bedürfe der Zivilisierung durch den Westen. Diese Beschreibung eröffnet mithin Einblicke in die Produktion westlicher

---

28   Geprägt wurde der Begriff von Gayatari C. Spivak (1985) »für den Prozess, durch den der imperiale Diskurs die Anderen bzw. ›das im Machtdiskurs ausgeschlossene Andere‹ kreierte« (vgl. www.kulturglossar.de)

29   Das ist heute mehr denn je der Fall: Bei der sprachlichen Vermittlung wird vielfach auf das so genannte »newspeak« (»Neusprech«) zurückgegriffen. Darunter wird die politische PR-Sprache verstanden, die negativ besetzte Wörter durch positive oder weniger anschauliche Begriffe ersetzt. Gerade im Hinblick auf die zunehmende Militarisierung bedarf es einer solchen politischen Strategie, um sie schmackhaft zu machen (Haase 2008, S. 3). Das Verfahren, einen Sachverhalt durch sein Gegenteil zu beschreiben, wird als Antiphrase bezeichnet. Konkret soll etwas Negatives wie etwa »Krieg« euphemistisch durch etwas Positives wie z. B. »humanitäre Intervention« oder »Engagement« ersetzt werden. Die Sprache erfährt hierbei durch lexikalische, grammatikalische und rhetorische Stilmittel einen neuen Sinngehalt (ebd., S. 9). Auf diese Weise erfolgt die Umdeutung unliebsamer Phänomene in vorteilhafte.

Bilder über den Orient. Aus diesem Grund sprechen kritische Wissenschaftler vom Okzidentalismus[30], da dieser Begriff ihrer Meinung nach
die »Orientalisierer« und nicht die Orientalen bezeichnet (Castro Va-
rela/Dhawan 2007, S. 31). Mit dem politischen Terminus Okzident,
der sich als aufgeklärt, zivilisiert und emanzipiert präsentiert, können
dann selbst gewaltvolle territoriale Herrschaftsausübungen über Ko-
lonien oder so genannte Protektorate legitimiert werden. So stellt beispielsweise das genannte »Othering« des Orients eine ideologische
Legitimation ökonomisch und geopolitisch motivierter Kriege des
Westens und seiner Verbündeten gegen Afghanistan, den Irak und
andere souveräne Staaten.[31] Auch die Besatzungspolitik Israels ist hier
einzuordnen. Zur Auffassung des Okzidents schreibt Schulze (1991,
S. 211): »Der Orient ist für den Okzident, das Abendland, Europa
oder später allgemeiner den Westen, funktional. Er ist der Gegen-Ok-
zident gewesen, also des Westens Alter Ego.«

---

30   Konstitutiv für die Erklärung des Okzidentalismus ist der Begriff des Euro-
     zentrismus, dem die Vorstellung moderner Geschichte als »Ausbreitung
     europäischer und westlicher Errungenschaften des Kapitalismus und poli-
     tisch-militärischer Macht« von Kultur und Institutionen zugrunde liegt
     (Conrad/Randera 2002, S. 12). Westeuropäische kapitalistische Gesell-
     schaften werden als Maßstab genommen. Da deren Kulturtradition von
     Dualismen geprägt ist, die zugleich Macht- und Beherrschungssysteme
     produzieren, wird eine künstliche Trennung verursacht – nach Derrida ein
     dichotomes Denken, das tief in der europäischen Kulturtradition veran-
     kert und institutionalisiert ist. Im Okzidentalismus werden westeuropäische
     Werte als universal postuliert und andere abwertend dargestellt. (Dietrich
     2007, S. 23 ff).

31   Nach den Anschlägen von 9/11 war erstmals hinsichtlich der militärischen
     Intervention in Afghanistan die Rede von einem »Kreuzzug«, ein Begriff,
     dem für das europäische und westliche Islambild eine historische Bedeu-
     tung zukommt. Danach wurde der Begriff »Krieg gegen den internationa-
     len Terrorismus« eingeführt (Chomsky 2002, S. 9). In *Bild am Sonntag* vom
     11. Januar 2004 rechtfertigte der damalige Verteidigungsminister Peter
     Struck (SPD) die militärische Intervention in Afghanistan als eine Vertei-
     digung westlicher Werte: »Wir verteidigen am Hindukusch in Afghanistan
     im Kampf gegen den Terrorismus auch Deutschland und unsere Freiheit«
     (zit. nach: Yilmaz-Günay 2011, S. 8). Zur Sanktionierungspolitik dem Iran
     gegenüber vgl. Hippler (2002).

Die Ursprünge postkolonialer Theorien gehen insbesondere bei
der Orientierung an den materiellen gesellschaftlichen Bedingungen
auf marxistische Traditionen antikolonialer Befreiungsbewegungen
zurück. Die postkolonialen Vertreter gehen der Frage nach, inwieweit der Kolonialismus bzw. der Imperialismus auf einer diskurs-
ideologischen Ebene »Instrumente zur systematischen hegemonialen Beeinflussung und Kontrolle der Welt entwickeln und einsetzen«
(Antor 2002, S. 118 ff). Said stellt fest, dass die Homogenisierung des
Orients bzw. des »Anderen« als negative Folie zu dessen Identitäts-
bildung und Selbstverständnis beiträgt und in einem hegemonialen
Kontext als kontrollierbar gilt (ebd.). Orientalismus ist daher für Said
»ein westliches Modell, um den Orient zu dominieren, umzustruk-
turieren und Autorität über ihn auszuüben« (1978, S. 3; Übers. I. K.).
Einwenden ließe sich hier: Autorität und Kontrolle lassen sich immer
nur bedingt aufrechterhalten, wie gerade jene antikolonialen Bewegungen zeigten, die die Studien Saids mit bewirkten.

Ungeachtet dessen entspricht die Darstellung nach westlicher Lesart, die den Okzident und den Orient als zwei unterschiedliche, ein-
ander gegenüberstehende Subjekte konstruieren und somit die Vorherrschaft des Westens legitimieren, auch den Mechanismen, nach
denen Antimuslimischer Rassismus funktioniert: das fortschrittliche,
moderne und aufgeklärte Abendland hier und das rückständige, pri-
mitive Morgenland dort. Antimuslimischer Rassismus stellt demnach
nur eine Facette etablierter Machtverhältnisse dar, die ein Bild der
Wirklichkeit erzeugen und deren Konzepte als allgemein wahr gelten.
Die beschriebenen Konstruktionsprozesse bilden die Machtverhältnisse zugleich ab und stützen sie.

Die Auffassungen vom Orient in der Bundesrepublik

Die Bedeutung der Orientbilder in der Bundesrepublik weist Parallelen zu anderen Gesellschaften und Ländern mit Kolonialgeschichte
auf, auch wenn Said den deutschen Kolonialismus nicht als einfluss-
reich erachtet. Zu dieser Wahrnehmung haben auch andere postkolo-

niale Theoretiker beigetragen. Der Fokus wurde bislang auf die so genannten großen Kolonialmächte wie Großbritannien oder Frankreich
gelegt. Aus diesem Grund gab es bisher nur zögernd eine ideologische
Aufarbeitung der deutschen Kolonialgeschichte (Dietrich 2007, S. 25).
Im akademischen Rahmen wurden postkoloniale Theorien im deutschen Kontext kaum rezipiert, außer in der Literaturwissenschaft, der
Rassismus- und Genderforschung (ebd., S. 37).

Insbesondere Schwarze Feministinnen begannen Mitte der 1980er
Jahre in der Bundesrepublik, sich mit damals aktuellen Rassismen zu
befassen und diese auch in den Kontext der deutschen Kolonialgeschichte zu stellen. So konnten Spuren des deutschen Kolonialismus
sichtbar gemacht werden. Mit postkolonialen Perspektiven konnte ein
Einblick in bislang kaum behandelte Themenbereiche eröffnet werden. Denn darin wurde nicht nur die Lage der Kolonisierten verdeutlicht, sondern auch derjenigen, die zur Kolonialisierung beigetragen
haben. Durch Sichtbarmachung der Vergangenheit wird versucht, in
der Gegenwart zu intervenieren, um rassistische Strukturen und rassi-
fizierende Praxen historisch einzuordnen, zu kritisieren und somit än-
dern zu können (ebd., S. 39).

Bei Antimuslimischem Rassismus kann in der Bundesrepublik jedoch nicht von postkolonialer Migration gesprochen werden – eine
unmittelbare Kolonialisierung von Gebieten, aus denen heutige in
Deutschland lebende Migranten stammen, fand nicht statt.[32] Es existiert also keine gemeinsame Beziehung zwischen Kolonisierten und
Kolonisatoren, und fast allen muslimisch Markierten fehlt das historische (Opfer-)Bewusstsein in Bezug auf Deutschland (Attia 2007,
S. 7). Attia (ebd., S. 8ff) führt aus, dass auch im Zuge der Migrations-
bewegungen seit den 1960er Jahren Einwanderer aus der Türkei nicht
als »Muslime« oder »Orientalen« wahrgenommen wurden, sondern
primär als Arbeiter. So wurden sie bis Anfang der 1980er Jahre »Gastarbeiter« genannt. Die Wahrnehmung als kulturell Fremde setzte

---

32   Was nicht heißt, dass es keine imperialistische Politik gegenüber dem Os-
     manischen Reich gegeben hätte, die etwa im Bau der Bagdadbahn zum
     Ausdruck kam.

erst verstärkt ein, als in den 1980er Jahren offensichtlich wurde, dass die meisten nicht in ihre Ursprungsländer zurückkehren, sondern in Deutschland bleiben würden. Diesen Zeitpunkt könnte man auch als Anfang jener rassistischen Debatte bezeichnen, die 1993 darin gipfelte, dass das Recht auf Asyl faktisch abgeschafft wurde.

Die Differenz vor allem gegenüber den »Gastarbeitern« aus der Türkei wurde mit deren »ländlicher Herkunft« begründet. Unter Diffamierung ihrer traditionellen Lebensweise wurden sie als rückständig bezeichnet. Abwertende Begriffe wie »anatolische Bauern« waren in der Bundesrepublik weit verbreitet. Wie Attia weiter zeigt (ebd., S. 69), erfuhr das traditionelle Islambild durch die Golf-Kriege und nicht zuletzt durch die Anschläge vom 11. September 2001 eine neue Komponente. Es wurde um den »kriegerischen Islam« ergänzt und mit dem daraus konstruierten und inzwischen weithin etablierten Bild des so genannten »arabischen/islamischen Terroristen« assoziiert. Die Funktion dieser Form des Antimuslimischen Rassismus ist sowohl in innen- als auch in außenpolitischen Gründen zu suchen: In Zeiten strikt neoliberaler Politik dient die Kulturalisierung und Ethnisierung gesellschaftlicher Verhältnisse dazu, von sozialen Widersprüchen abzulenken und die Überwachung auszubauen; zugleich erfüllt das genannte Bild angesichts zunehmend militärischer Konfrontation mit arabischen Ländern auch hinsichtlich geopolitischer Interessen seinen Zweck.

Feindbild Islam –
Zur Entstehung und Funktion von Feindbildern

Durch den behaupteten Gegensatz »westlich zivilisiert« vs. »orientalisch unzivilisiert« wird suggeriert, dass das eigene »Wir« zu den Guten gehört, während »die Anderen« zu »Minderwertigen«, wenn nicht zu Feindbildern kreiert werden. Christoph Weller (2002, S. 49) betont, dass bei unterschiedlichen Interessen oder unvereinbaren Wertvorstellungen meistens nicht die Gemeinsamkeiten, sondern die Unterschiede herausgestellt werden. Wenn in einer Gesellschaft oder einem

Teil von ihr ein dichotomes Wahrnehmungsschema propagiert bzw. sozial vermittelt wird, das die »Anderen« mit negativen Attitüden versieht, dann kann man von einem »Feindbild« sprechen. Folglich werden ähnlich wahrgenommene Personen oder Dinge in eine gemeinsame Kategorie eingeordnet. Dieses Grundphänomen wird als zwingende Notwendigkeit menschlicher Wahrnehmung dargestellt, da zum einen eine Reizüberflutung und teilweise Ausblendung der vielfältigen Wahrnehmungen durch diese Einordnung verhindert und zum anderen bei der Kategorisierung auch die Wahrnehmung der Strukturen unterschiedlicher Situationen ermöglicht werde.

Bei Antimuslimischem Rassismus funktioniert das Feindbild »Muslim« auch nach den oben genannten Mustern: Reizthemen wie Ehrenmorde, Kopftuch, Zwangsehen, Beschneidung und Moscheebauten stehen in Deutschland für die angebliche Unvereinbarkeit »des Islam« mit europäischen und deutschen Wertvorstellungen (Königseder 2009, S. 21). Schon bald nach dem Ende des Kalten Krieges – also längere Zeit vor den Anschlägen auf das World Trade Center in New York und auf den öffentlichen Nahverkehr in London bzw. Madrid sowie den blutigen Bildern von Selbstmordattentaten im Irak und in Afghanistan – hatte das Feindbild »Islam« das Gespenst des Kommunismus abgelöst. Modifiziert und der Zeit angepasst, konnte das alte Feindbild »Islam«, das auf die Zeit der mittelalterlichen Kreuzzügen zurückgeht[33], reaktiviert und neu aufgeladen werden (Attia 2007, S. 9).

Weller (2002, S. 52 ff) fügt hinzu, dass Feindbilder das Bedürfnis nach sozialer Identität befriedigen. Schon im Mittelalter wurden

---

[33] Die Kreuzzüge und die spanische Reconquista produzierten ein einseitig negatives Islambild. Der Kreuzzug als Angriffskrieg im Namen Gottes setzte sich mit dem ersten großen Kreuzzug (1096–1099) durch. Das Ideal und die Ästhetik des christlichen Ritters wandte sich von Prinzipien der Toleranz und Nächstenliebe zur gottgewollten Aufgabe, den bekehrungsunwilligen Heiden »auszurotten«. Durch die Reconquista in Spanien (722–1492) wurden Glaubensgemeinschaften wie die der Muslime und Juden zu »Rasseäquivalenten«. In der Vorstellung von der »Reinheit des Blutes« drückt sich damit bereits ein moderner biologistischer Rassismus aus. Büchl, S. 14 ff).

Muslime als »das Andere« dargestellt und als Gegenpol zur christlich-abendländischen Identität definiert und diffamiert. Auch heute werden religiöse Abgrenzungen bemüht, die jederzeit zur Legitimation politischer Entscheidungen abgerufen werden können. Solch eine Kategorisierung, aus der Konflikte entspringen, strukturiert unsere soziale Realität: Ein bestimmtes Wahrnehmungsmuster wird so vermittelt und durchgesetzt, dass aus diesem eine grundsätzlich negative Einstellung einer anderen Gruppe gegenüber hervorgeht. Diese Differenz kann sehr schnell zu bisweilen gezielter Eskalation führen und somit die Bereitschaft zur Befürwortung von Ausschluss, Hass, Gewalt und Krieg schaffen. Doch was genau hat es mit den Themen »Differenz« und »Repräsentation« auf sich? Und warum handelt es sich hier um derart umkämpfte Bereiche?

Identität und Repräsentation

Beschreibungen wie »Wir« und »die Anderen« entspringen einer Wissensproduktion, die wiederum in gesellschaftlichen Dominanzverhältnissen eingebettet ist: Damit einhergehend entstehen Repräsentationspraktiken, nach Hall (2004, S. 108) auch als Stereotypisierungen bekannt, die die Dimensionen der Differenzen ausmachen. Was im Kontext rassistischer Differenzen geäußert wird, kann auch auf andere Kategorien wie Klasse, Geschlecht, Sexualität und körperliche Beeinträchtigung übertragen und erweitert werden. Gutiérrez Rodriguez (2000) äußert sich wie folgt zu den Zusammenhängen zwischen Macht und Repräsentation: »Macht selbst stellt die Frage nach der Wirkungsmächtigkeit von Repräsentationen, d. h. welche Formen der Repräsentation sich als kognitive Autorität oder als Bewahrung der vorherrschenden Kräfteverhältnisse durchsetzen.«

Im Repräsentations- und Identifikationsdiskurs nimmt Macht stets eine grundlegende Position ein: Die Artikulation von Differenz und Einheit verlangt die Konstituierung von Subjekten und folglich die Reproduktion von Wissen in der Gesellschaft. Eickhof (2010, S. 51 ff) beschreibt Identität als »ein durch soziale und politische Praktiken

hervorgebrachtes, in Relation zur Gesellschaft definiertes Selbst« –
deren Konstruktion darauf basiert, dass sowohl mit anderen als auch
über andere gesprochen wird. Die Ziele und Forderungen der Herstellung von Identität sind mit gesellschaftlichen Effekten verbunden.
So werden Muslime durch die meinungsbildenden öffentlichen Debatten veranlasst, ihre religiöse Identität zu hinterfragen und sich zu
ihr zu positionieren. Im Ergebnis, so Eickhof, führe dies mehrheitlich
zu einem zunehmenden Bekenntnis vieler Muslime zu ihrer religiösen
Identität. In dieser Frage jedoch geht es eher darum zu erkunden,
mit welchen Zielen Identitäten gefordert, hergestellt und umkämpft
werden. Denn die Produktion vieler Identitäten schafft in der Konsequenz Differenzen, die – entsprechend kenntlich gemacht –»Andere«
herabsetzen.

Ein weiteres Element in der Herstellung von Identitäten ist die
Frage der Repräsentation. Beim Antimuslimischen Rassismus und
den diesem zugrunde liegenden Gegensätzen wie »Muslimisch-Sein«
und »Deutsch-Sein« ergibt sich eine reduktionistische und sehr rohe
Trennung zwischen diesen gemachten Identitäten. Hall (2004, S. 117)
beschreibt diesbezüglich, inwieweit binäre Gegensatzpaare dazu tendieren, in ihrer rigiden dualen Darstellung vereinfachte Formen von
Differenzen darzustellen. Der Philosoph Jacques Derrida zeigt auf,
dass zwischen diesen binären Gegensatzpaaren Machtbeziehungen
vorhanden sind. Eine der Seiten ist gewöhnlich die Dominantere
und schließt die andere in ihrem Operationsfeld ein (ebd.). Dementsprechend funktioniert auch die Trennung »Muslimisch-Sein« vs.
»Deutsch-Sein. Im Hinblick auf die Bedeutung von Differenzen erklärt Hall (2004, S. 119): »Die zentrale Aussage ist, dass Kultur darauf
basiert, Dingen eine Bedeutung zu geben, indem ihnen unterschiedliche Positionen innerhalb eines klassifikatorischen Systems zugewie-
sen werden. Die Kennzeichnung von ›Differenz‹ ist also die Basis der
symbolischen Ordnung, die wir Kultur nennen.« Hall (2004, S. 120)
weiter: »Differenz kenntlich zu machen, führt uns symbolisch gesehen dazu, die Reihen zu schließen, die Kultur abzuschotten und alles, was als unrein oder anormal definiert wird, zu stigmatisieren und
auszugrenzen. Paradoxerweise jedoch wird Differenz dadurch auch

mächtig. ... Daher ist das, was sozial peripher ist, häufig symbolisch zentral«.

Die Differenz bringt eine Reihe von Spaltungen, Feindseligkeiten und Aggressionen mit sich, die gegenüber dem »Anderen« bedrohlich sind oder sein können: Die »Anderen«, soweit nicht wirkungsvoll bekämpft und ausgeschlossen, würden sich unaufhaltsam ausbreiten, um das »Eigene« zu zersetzen. Solcherlei Ängste werden mit Bildern wie »Deutschland schafft sich ab« gezielt geschürt.

Zusammenfassend stellen Repräsentationspraktiken eine Handlung rassistischer Differenz dar. Sie sind auch eine Praxis der Schließung, des Ausschlusses der »Anderen«, indem symbolische Grenzen festgeschrieben werden, um zu definieren, wer zum eigenen »Wir« gehört und wer nicht. Zuletzt tritt Stereotypisierung dort auf, wo es große Ungleichheiten in der Machtverteilung gibt: »Saids Diskussion des Orientalismus ähnelt stark Foucaults Macht/Wissen-Argument: ein Diskurs produziert, durch verschiedene Praktiken der Repräsentation (Wissenschaft, Ausstellung, Literatur, Malerei, etc.) eine Form rassisierten Wissens über das Andere (Orientalismus), tief verwoben mit den Operationen der Macht (Imperialismus)« (Hall 2014, 146). Dabei werden Menschen entsprechend einer selbstdefinierten Norm klassifiziert und als »Andere« konstruiert. Hierbei spielt der Aspekt des Kampfes um Hegemonie eine wesentliche Rolle, vor allem im Hinblick auf die ethnozentristische Definition über den Orientalismus.

Für Foucault beinhaltet Macht nicht nur Wissen, sondern auch Autorität, Repräsentation sowie Ideen und kulturelle »Führung«. Macht wirkt nicht nur durch Verhinderung, Einschränkung und Eingrenzung (Hall 2004, S. 147). Sie wirkt produktiv, weil sie Diskurse produziert, Wissen etabliert und neue Praktiken schafft und formt. »Macht zirkuliert« somit und durch diese »Kreisförmigkeit« ist sie im Kontext von Repräsentation besonders wichtig. Denn weder die »Anderen« noch die Gruppe, die diese konstruiert, können sich außerhalb dieser »Zirkulation der Macht« aufhalten. Beide sind darin verfangen, weil in der Ausübung von Herrschaft und in diesem »Operationsfeld« beide Gegensätze eingeschlossen sind (Hall 2004, S. 148).

Kulturelle Differenz und Rassismus

Kultur als gemachte Differenz verdeutlicht die unterschiedlichen
Sichtweisen und Bilder, die über den »Islam« zirkulieren. Die Grün-
de, warum in diesem Kapitel auf die so genannten kulturellen Differenzen eingegangen wird, liegen auf der Hand: die gegenwärtige
Renaissance von Darstellungsformen des »Islams« erfordert eine Anpassung der tradierten Bilder. Denn auch die modernisierten Islamdiskurse sind – in Form von Kulturalisierungsprozessen des »Islams«
– im Kontext der Absicherung und Legitimation bestimmter politischer Entscheidungen zu verstehen.

Iman Attia (2009, S. 75) verweist auf die im späten Mittelalter an-
gelegte Einheit von Religion, Politik, Kultur und Gesellschaft als Ausgangspunkt politischer und ideologischer Auseinandersetzungen im
Hinblick auf die gegenwärtigen »Islamdiskurse«. Damit einhergehend
wird versucht, unliebsame Positionen und als Bedrohung wahrgenommene Entwicklungen, die dem »Anderen« zugeordnet werden,
zu bekämpfen. So wird das »Andere« bzw. das »Fremde« jenseits des
»Eigenen« verortet, so auch beim Antimuslimischen Rassismus. Religion ist hierbei der »Differenz-Marker« – unabhängig davon, ob die
markierte Gruppe sich zu dieser Religion bekennt. Es findet, so Attia,
eine Koranexegese nicht nur in Verbindung mit religiösen, sondern
auch mit politischen, ideologischen, sozialen, lebensweltlichen sowie
biologischen Fragen statt. Die Religion wird hier zur alles hinlänglich
erklärenden Kategorie gemacht, womit eine »Abdankung historischer
Vernunft zugunsten eines irrationalistischen Kulturalismus« voran-
schreite (Al-Azmeh 1996, S. 8 ff). Durch die Essentialisierung[34] des Islam geraten andere oder alternative Sichtweisen außer Acht. So wird

---

34   Essentialisierung ist die Festschreibung des Anderen auf seine Andersartig-
     keit bzw. des Eigenen auf seine ursprüngliche Wesenheit, auch Essenz ge-
     nannt. Sie beschreibt die Annahme, dass Gegenstände – unabhängig von
     Kontext und Interpretation – eine ihnen zugrunde liegende, alle Verände-
     rungen überdauernde Essenz aufweisen, die ihre »wahre Natur« bestimmt
     und sie notwendig zu dem macht, was sie sind (Produktive Differenzen:
     Essentialisierung, 2003).

kaum wahrgenommen, dass muslimische Religiosität durchaus auch als Privatangelegenheit ausgeübt wird; zugleich werden etwa atheistische und säkulare Argumentationsmuster und Lebensweisen per se als westlich (Attia 2009, S. 76) eingeordnet.

Werner Schiffauer (2002, S. 64) weist zu Recht auf die regelmäßig gemachten Erfahrungen junger Deutsch-Türken hin, durch die diese in Rollen gedrängt werden, in denen sie eigentlich nie sein wollten. Viele haben oft das Gefühl, »mit Deutungsfolien konfrontiert zu werden«, auf die sie festgelegt werden und die keine Zwischentöne erlauben. Die Wahrnehmung und Akzeptanz pluralistischer Lebens- und Sichtweisen von – bisweilen so bezeichneten – religiösen sowie nicht-religiösen Muslimen verhindert eine grundlegende Auseinandersetzung mit dem »Islam«, welchem mit Stereotypen, vermeintlichem Expertenwissen und oftmals mit zusammenhanglosen oder mehrdeutigen Koranzitaten begegnet wird. Die Formulierung »nicht-religiöse Muslime« weist auf den Konstruktionscharakter des Antimuslimischen Rassismus hin. Denn wie veranschaulicht, sind von dieser Rassismusform auch Menschen betroffen, die sich selbst gänzlich anders verstehen. Attia (2009, ebd.) erklärt die Selbstpositionierung junger Migranten zum »Islam« in der Bundesrepublik als Folge nicht gelungener Wahrnehmung; denn sich in einem hegemonialen antimuslimischen Kontext offen gegen »den Islam« zu äußern, kann als Bestätigung rassistischer Konstruktionen wahrgenommen werden. Wenn diesen Konstruktionen dann differenzierte Überlegungen entgegengehalten werden, lassen sich diese wiederum als Verteidigung oder – mit Unterstellungen und niederer Absicht – als fundamentalistische Haltung interpretieren. Kulturrassistische Konnotationen, die auf regionale und nationale Zugehörigkeit, Migrationsgeschichte sowie Minderheitenstatus in der Heimat bzw. in der Migration zielen, werden zu Gunsten der religiösen Markierung gleichsam in den Hintergrund gedrängt – oder aber betont, wenn sich damit das »Feindbild Islam« bedienen lässt. Dies alles trägt wesentlich zur Legitimation und kulturellen Dominanz des Westens bei.

Indem Lebensentwürfe der »Anderen« mit dem Begriff »Kultur«, im Fall von Antimuslimischem Rassismus durch eine vermeintlich

nicht kompatible Religion begründet werden, eröffnet sich eine Perspektive in der Aufarbeitung historischer und politischer Entwicklungen. Hierbei findet eine »Täter-Opfer«-Umkehr statt, welche die
Konstruktion des »Islams« sehr einseitig darlegt. Durch die kaum angesprochene Sichtbarmachung »westlicher Einflüsse auf den Islam«
findet eine Täter-Entlastung auf der dominanten Seite statt (Attia 2009,
S. 78). Indem das »Eigene« – hier: der Westen – als fixes, geschlossenes und universelles Gebilde gesetzt wird, spielen reale islamisch-
westliche Beziehungen in der Wahrnehmung kaum eine Rolle. Indem
Verhaltensweisen oder politische Ereignisse als »islamisch« dargestellt
werden, kann die westliche Dominanz diskursiv geleugnet werden,
obwohl sie faktisch dadurch besteht, dass sie Erklärungsmuster auf
Grundlage des Antimuslimischen Rassismus produziert. Die Fokussierung auf den »Islam« dient so dazu, die gegenseitigen Verbindungen und Abhängigkeiten zu leugnen. Durch die Konstruktion des
»Islam« als Gefahr für westliche Länder und Kulturen werden die
Machtverhältnisse umgekehrt: die westliche Aggression wird zur Verteidigung umdefiniert und die eigene Vormachtstellung faktisch zementiert (ebd., S. 79).

Das Thema Integration ist insofern ein umstrittenes Feld, als im
Zusammenhang mit Kriminalität oftmals über »ausländische Herkunft« diskutiert wird. Rommelspacher (2007, S. 245) merkt an, dass
dabei häufig auf die Kultur zurückgegriffen wird. Behauptet wird
eine Gewalttätigkeit der so genannten »türkisch-muslimischen« oder
»arabisch-muslimischen Kultur«, soziale und ökonomische Faktoren
werden jedoch vielfach außer Acht gelassen. Während die politische
Radikalisierung bei deutschen Jugendlichen in der Forschung – wenn
auch wiederum oftmals irreführend – in erster Linie auf soziale Ursachen zurückgeführt wird – genannt werden etwa familiäre Belastungen, mangelnde Perspektiven, gesellschaftliche Desintegration mit
der Folge von Desorientierung –, kommt muslimischen Jugendlichen,
die sich tatsächlich oder angeblich am politischen Islam orientieren,
eine völlig andere Zuschreibung zu (ebd.). Hier wird der Islam selbst
verantwortlich gemacht. Mit kulturalistischen Argumentationen werden politische Forderungen gestellt, während bei deutschen Jugend-

lichen eher die individuelle und soziale Ebene als Erklärung herangezogen wird.

Die Wahrnehmung der Muslime als Nicht-Deutsche und ihre
Darstellung mit einem Konglomerat aus Stereotypen führt dazu, dass
diese nicht als selbstverständlicher Teil der Gesellschaft gesehen werden. Ihr Verhalten auf ihre Kultur zurückzuführen, zeugt auch von
einer undifferenzierten Sichtweise politischer und sozialer Gegeben-
heiten sowie fehlender Reflexion von Privilegien und kultureller Hegemonie.

Mit Rückgriff auf Saids »Orientalism« richtet sich der »Okzidentalismus« nach Abgrenzungs- und Verwertungstechniken aus.
Nach Gabriele Dietze (2009, S. 26 ff) wird unter »Orientalism« die
epistemische Gewalt okzidentaler Kolonialisten gegenüber einem
von ihnen erfundenen »orientalischen Anderen« verstanden. Okzidentalismus erfuhr, je nachdem aus welcher Perspektive definiert[35],
unterschiedliche Bedeutungen. In Verbindung mit einer Kritik an
Antimuslimischem Rassismus wird der Begriff dazu verwendet, die
westliche Vormachtstellung grundsätzlich in Frage zu stellen. Im
Sinne von Hegemonie(selbst)kritik sollte der Blick darauf gerichtet
sein, den gemachten Gegensatz Orient/Okzident veranschaulichen
zu können.

In einer Ära nicht aufgearbeiteter kolonialer Vergangenheit und
einer Renaissance politisch-militärischer Unterwerfung sowie aufgrund der neu entstandenen Rassismen erscheint ein solches ana-
lytisches Werkzeug als unabdingbar. Hier lebende Muslime und
Nichtmuslime sowie Menschen, die als arabisch- oder als türkisch-

---

35 Das grundlegende Konzept des Okzidentalismus von Dietze stützt sich ins-
    besondere auf Fernando Coronils Ansatz und dessen Thesen zur hegemo-
    nialen abendländischen Repräsentation kultureller Unterschiedlichkeiten
    als ständig erneuerte Polarität zwischen einem okzidentalen Selbst und
    einem orientalisierten Anderen (Dietze 2009, S. 13). Genau entgegengesetzt
    dazu wird in den Kulturwissenschaften auch eine andere Bedeutung von
    Okzidentalismus verwendet, die »eine Ideologie des Hasses gegen den Ok-
    zident, gegen westliche Gesellschaftsstrukturen und Werte [bezeichnet]. In
    dieser Bedeutung wurde der Begriff von Ian Buruma und Avishai Margalit
    geprägt.« (http://de.wikipedia.org/wiki/Okzidentalismus)

stämmig angesehen, markiert und pauschalisiert werden, sind Orien-
talisierungsprozessen unterworfen. Anschließend an Dietzes Okziden-
talismuskritik bietet sich auch im Hinblick auf den Antimuslimischen
Rassismus ein Werkzeug, mit dem die systematische Diskriminierung
der in Deutschland lebenden Muslime oder muslimisierten Personen
analytisch und konzeptuell beschrieben werden kann. Mit der Okzi-
dentalismuskritik soll dahingehend eine theoretische und politische
Perspektive eröffnet werden, mit welcher sich die hergestellten Asym-
metrien von Macht- und Herrschaftsverhältnissen hinterfragen lassen.
Denn Okzidentalität wird im Rahmen (re-)konstruierter abendländi-
scher Identität häufig als Leitdifferenz betrachtet, dem das »okzidenta-
le Selbst« und das »orientalisierte Andere« entspringt (ebd., S. 32); die
politischen Kategorien »Orient« und »Okzident«, die im machtvollen
Diskurs westlicher Hegemonieprozesse eine wesentliche Rolle in der
Produktion politischer Strategien spielen, werden zum inhärenten Bestandteil von Wissens- und Glaubensfragen.

3.
»Rituale der Herabwürdigung«[36]

Antimuslimischer Rassismus in politischen Debatten: Merkmale, Erscheinungsformen, Funktionen

Seit dem Ende des Kalten Krieges spielen ideologische Fragen und Deutungsformen über den Islam eine wesentliche Rolle zur Absicherung und Legitimation politischer Entscheidungen. Auch wenn der 11. September 2001 nicht der Anfangspunkt war, stellt er doch international und im bundesdeutschen Kontext einen neuen Wendepunkt im Umgang mit Muslimen und muslimisierten Personen dar. Die politischen Konsequenzen aus 9/11 hatten nicht nur in rechtlich-juristischer Sicht beispielsweise im Bereich der Einwanderungs- und Überwachungsgesetze reale Folgen, sondern brachten auch gravierende soziale, ökonomische und politische Veränderungen mit sich. Die Funktionalitäten des Antimuslimischen Rassismus sind nicht nur in der Entwicklung von Ausschlussmechanismen zu betrachten; sie bilden auch Legitimationsstrategien hinsichtlich geopolitischer Expansion und einer neuen Kriegspolitik seitens der NATO-Staaten, als deren Anlass die Anschläge auf das World Trade Center am 11. September 2001 dienten. Zudem wurde innenpolitisch – auch im »alten Europa« – eine zunehmend repressive Linie durchgesetzt und Antimuslimischer Rassismus geschürt, um einen Prozess zum enormen Abbau von Menschenrechten einzuleiten und diesen zu legitimieren. Der Berliner Rechtsanwalt

---

36   Zit. nach: Stuart Hall (1994): Der Westen und der Rest: Diksurs und Macht. In: Rassismus und kulturelle Identität, Ausgewählte Schriften 2.

Eberhard Schultz konstatiert dazu: »Am rigidesten und auch zeitlich nicht befristet war das Antiterrorismusgesetz im Ausländerbereich. Im Grunde tendierten – so Heinz Düx schon 2003[37] ... – nunmehr die Rechte von Ausländern in der Bundesrepublik Deutschland gefährlich gegen null. Das gesamte Ausländergesetz und die Durchführungsverordnungen wurden verschärft, die Möglichkeiten der Vereinsgründung für Ausländer beschränkt, das Ausweisungsrecht ausgedehnt, das Asylverfahrensrecht verschärft, das Ausländerzentralregistergesetz und die Ausländerdatenverordnung weiter ausgebaut. So dürfen Dateien an ausländische Stellen weitergegeben werden, und die Sicherheitsorgane dürfen den gesamten Datenbestand über Ausländer jederzeit und ohne Grund in einem automatisierten Verfahren abrufen.«[38]

Zugleich wurden gleichzeitig rechtspopulistische Parteien und Bewegungen hoffähig gemacht, die wiederum immer öfter »bürgerliche Allianzen« eingingen. Der Ausbau von Überwachungsmaßnahmen ging mit der zunehmenden Militarisierung der Außenpolitik einher, wie vor allem die Einsätze in Afghanistan und im Irak deutlich machten. Doch gerade in der Frage von Krieg und Frieden wird der Mehrheitswillen der Bevölkerung – zahlreiche Umfragen belegen eine breite Ablehnung von Militäreinsätzen – beharrlich ignoriert.

Des Weiteren werden Muslime im Zuge des Antimuslimischen Rassismus mit Antisemitismusvorwürfen konfrontiert. Zu diesem ideologischen Muster wird allgemein in westlichen Ländern gegriffen, in der Bundesrepublik dient es gleichsam dazu, angesichts der deutschen Geschichte die »eigene« Identität zu rehabilitieren.

Zudem dienen vorgeschobene Menschenrechtsdebatten, insbesondere um die Rechte von Schwulen, Lesben und Frauen, im Zusammenhang mit Antimuslimischem Rassismus als Vehikel zur Durchsetzung geopolitischer Ziele in der internationalen Politik. Konkret

---

37   Heinz Düx: Globale Sicherheitsgesetze und weltweite Erosion von Grundrechten. In: Zeitschrift für Rechtspolitik, 2003, S 189f.

38   Eberhard Schultz. In: Susann Witt-Stahl/Michael Sommer (Hg.): »Antifa heißt Luftangriff!« Regression einer revolutionären Bewegung, Hamburg 2014, hier zit. nach einem Vorabdruck: Eberhard Schultz: Vorwand »Terrorismus«. In: junge Welt, 20.6.2014, S. 10.

werden durch militärische Einsätze Märkte eröffnet, Investitionsfelder erschlossen und Geschäfte auch für die deutsche Wirtschaft abgeschlossen. Durch die Instrumentalisierung der Menschenrechte in der internationalen Politik konnte die Praxis des kapitalistischen Expansionsdrangs legitimiert werden. Dass verbündete Diktaturen wie Saudi-Arabien oder Katar von der Kritik meist ausgenommen werden, darf angesichts der geopolitischen Interessen nicht verwundern.

War on Terror, 9/11 und die Terrorismusdebatte

Der Diskurs, der mit dem 11. September 2001 verstärkt einsetzte, zielte auf eine einfache Erklärung ab: sie basierte auf einem »Terrorismus«, der zugleich als »islamisch« definiert wurde (Mamdani 2004, S. 25). Eine der aktuell am meisten islamisch geprägten Regionen der Welt ist der Nahe und Mittlere Osten, die gleichzeitig aus wirtschaftlicher, militärischer und politischer Sicht eine höchst umkämpfte Region darstellt. Davon zeugen u. a. die drei Golfkriege seit den 1980er Jahren, der NATO-Krieg gegen Afghanistan, von außen unterstützter Terror gegen Syrien sowie die Kriege gegen Gaza und Libanon. Von US-Seite wurde die (pro-)westliche Kriegspolitik als Strategie des »konstruktiven Chaos« bezeichnet – mit dem Ziel, die Karte des Nahen Ostens neu zu zeichnen. Dem liegen Interessen in der rohstoffreichen Region zugrunde, die auch aus bundesdeutscher außenpolitischer Sicht sowohl während des Kalten Krieges als auch danach nie völlig ignoriert wurden (Hippler 2002, S. 159). Das ambivalente Verhältnis des Westens zu dieser Region äußerte sich vielfältig: Im Nahostkonflikt trug die israelische Teile-und-Herrsche-Strategie im Hinblick auf die Stellvertreterkriege gegen unliebsame Akteure eine wesentliche Rolle im Aufbau mittlerweile verfeindeter Gruppierungen wie der Muslimbruderschaft und der Hamas als deren Ableger in Palästina bei. Auch Pakistan und Afghanistan waren in der Schlussphase des Kalten Krieges strategisch enorm wichtige militärische Basen mit Stoßrichtung gegen die Sowjetunion (ebd., S. 161 ff). Die außerordentliche Bedeutung dieser Region zeigt sich am seit 2001 anhaltenden US-geführten

Einsatz in Afghanistan. 2011 zeigte die militärische Intervention in Libyen, mit welcher Vehemenz der Westen seine Hegemonieansprüche aufrechtzuerhalten versucht. Auch die Sanktionen gegen das iranische Atomwaffenprogramm verweisen auf die Dominanzgebaren westlicher Staaten und darauf, wie eines der letzten Länder zwischen Marokko und Indonesien, das keine pro-westliche Politik verfolgt, unterworfen werden sollte (Lüders 2012).

Unterdessen stellt das fundamentalistische Saudi-Arabien für den Westen immer noch eine wichtige militärische, ökonomische und geostrategische Stütze dar. Nur auf den ersten Blick erscheint deshalb fraglich, weshalb der islamische Fundamentalismus in den Golfmonarchien nicht auf dem Index der »internationalen Gemeinschaft« steht. Durch solch zweierlei Maß wird ersichtlich, inwieweit die Konstruktion von Feindbildern und deren Instrumentalisierung im Namen von Aufklärung und Menschenrechten allein der Durchsetzung von Interessen dient.

»War on Terror« und Antimuslimischer Rassismus

Durch die Anschläge auf das World Trade Center verschob sich international die Wahrnehmung des so genannten islamischen Terrorismus. Nach dem 11. September 2001 erfuhr die Praxis weltweiter »Sicherheitspolitik« neue Options- und Handlungsräume. Sogar der Bereich »Entwicklungspolitik« wurde im Sinne eines »comprehensive approach« – eines vernetzten Ansatzes, der sich auch im strategischen Konzept der NATO (2010) niederschlug – als Teil einer neuen Präventionsstrategie zur Terrorbekämpfung aufgewertet. Im *Solana-Papier* der EU aus dem Jahr 2003 wurde der Sicherheitsbegriff ausgeweitet. Verheißungsvoll hieß es dort: »Sicherheit ist eine Vorbedingung für Entwicklung – Ein sicheres Europa in einer sicheren Welt«. (ESS, S. 2)[39]

---

39   In der vom ehemaligen NATO-Generalsekretär (1995–1999) und anschlie-
      ßenden Hohen Vertreter der Gemeinsamen Außen- und Sicherheitspolitik

Da nach dem Ende des Kalten Krieges größere militärische An-
griffe auf die EU-Mitgliedsstaaten eher für unwahrscheinlich gehalten
wurden, gewannen andere Bedrohungen, meist nicht-militärischer
Natur, an Bedeutung. Dazu gehört der so genannte »gewalttätige religiöse Extremismus«, auch als Terrorismus bezeichnet, der eine zunehmende strategische Bedrohung für »Gesamteuropa« – d.h. für EU-
Europa – als »Wertegemeinschaft« darstelle. Laut der europäischen
Sicherheitsstrategie müsse »interveniert werden, mit dem einen oder
anderen Mittel, weil die anderen das potenzielle Risiko sind, das ten-
denziell unsere Sicherheit bedroht« (von Braunmühl 2008, S. 65). Entwicklungspolitik wird also ver*sicherheit*licht, Sicherheitspolitik – vulgo:
Militärpolitik – dagegen mit humanitären Kooperationsstrategien be-
laden und somit ihr Handlungsrahmen nach Belieben erweitert. Dem
Wort nach dienen dabei »Menschliche Sicherheit« und Menschenrechte zur Rechtfertigung. Einer Prüfung an der Realität hält dies jedoch nicht stand: Infolge der neoliberalen und expansiven Politik des
Westens stehen gerade die sozialen Menschenrechte zunehmend auf
dem Spiel.

Bei der Debatte um den so genannten religiösen Extremismus
wurde Religiosität als sichtbares Element nach 9/11 neu aufgeladen.
Sie geriet mit viel Ausdruck ins Visier der Medien und der Politik
(Schiffer 2005, S. 26). Für viele in Deutschland lebende Muslime sowie
für jene, die darunter gefasst werden, bedeutete das eine zunehmende Verschlechterung der allgemeinen Lebensbedingungen. Das vor-
urteilsbeladene Panorama der Terrorismusdebatte schlägt sich auch
in Umfragen[40] nieder: Im Kontext von Islamfeindlichkeit spielen Ver-

---

der EU, Javier Solana, entworfenen *Europäischen Sicherheitsstrategie* wurde
die Rolle der EU nach dem Ende des Kalten Krieges und nach 9/11 fest-
gehalten. Das Papier wurde nach Beginn der Kriege in Afghanistan und im
Irak vom Europäischen Rat 2003 angenommen (Deppe / Salomon / Solty,
S. 90).

40 Der von Andreas Zick und Beate Küpper (2011, S. 69) herausgegebene Report *Die Abwertung des Anderen – Eine europäische Zustandsbeschreibung zu Intoleranz, Vorurteilen und Diskriminierung* untersuchte Ursachen im Hinblick auf
gruppenbezogene Menschenfeindlichkeit (GMF).

dächtigungen und Bedrohungsgefühle eine große Rolle. So unterstellten in einer Erhebung von 2011 17,1 % der befragten Deutschen, dass die Mehrheit der Muslime Terrorismus gerechtfertigt fände. 27,9 % der Befragten waren der Auffassung, dass viele Muslime islamistische Terroristen als Helden betrachten würden. 52,5 % beschrieben den »Islam als eine Religion der Intoleranz«. Aus dem Report geht nicht hervor, ob das angegebene Bedrohungsgefühl objektive oder subjektive Grundlagen hat, auch wenn der Anteil von Muslimen an der Gesamtbevölkerung verschwindend gering ist. Indes ist die umgekehrte Bedrohung real: Laut Gerhard Piper, wissenschaftlicher Mitarbeiter beim Berliner Informationszentrum für transatlantische Sicherheit[41], gab es seit den 1980er Jahren bundesweit ein Dutzend Bombendrohungen und über hundert kleinere und größere Anschläge gegen Moscheen mit Steinen, Brandsätzen und Schusswaffen (Piper, 2011). Dass antiislamische Ressentiments in den letzten Jahren auch militant ausgetragen wurden, ist jedenfalls kaum zu übersehen.

Gesinnungstests und Muslim-Tests

Antimuslimische Ressentiments und die Überhöhung »islamischer Gefahren« vor allem nach den genannten Anschlägen haben auch in Deutschland zu einer zunehmend pauschalisierenden Wahrnehmung gegenüber Muslimen geführt. Die Generalsverdachtsmomente zeigen sich deutlich auch in den in Baden-Württemberg entwickelten Muslim-Tests, die in den meisten Fällen von den Betroffenen als repressiver Eingriff in ihr Leben erfahren wurde.

2008 wurde in Deutschland für alle »Einbürgerungswilligen« ein so genannter Einbürgerungstest eingeführt. Bereits im Jahr 2000 war das Staatsangehörigkeitsgesetz in Kraft getreten, das unter anderem sicherstellen sollte, dass sich alle Antragssteller zum Grundgesetz bekennen und sich von terroristischen Aktivitäten distanzieren. Erfolgen sollte dies mit einer eigenhändigen Unterschrift der Antragssteller

41   Vgl. BITS bei der Arbeit, 2012.

unter einen bundesweit einheitlichen Vordruck. Nach 9/11 gab es in Baden-Württemberg jedoch Zweifel darüber, ob dies vor allem bei muslimischen Antragstellern ausreichen würde (Wikipedia: Einbürgerungstest, 2014). Deshalb wurde dort 2006 ein Gesprächsleitfaden entwickelt, der von den hiesigen Einbürgerungsbehörden verwendet wurde, um die Einstellung von Muslimen zu den Themen Demokratie, Religionsfreiheit und religiöse Gefühle, Terroranschlägen, Homosexualität und Frauenbilder zu überprüfen. Anhand eines Gesprächsleitfadens, der aus 30 Fragen besteht, soll die Gesinnung muslimischer Antragsteller überprüft und entschieden werden, ob ihre Haltung zur deutschen Rechtsstaatlichkeit und Verfassung konform ist. Auch hier fungiert die soziale Kategorie Religiosität als Differenz-Marker: Muslime werden per se verdächtigt, zu patriarchalen Rollenmustern zu tendieren sowie antidemokratisch und religiös intolerant zu sein oder gar zum Terror zu neigen.

Eine solche Stereotypisierung und pauschalisierende Betrachtung des Islams als primitiv, minderwertig und gefährlich deutet auf eine Diskriminierungsideologie hin, die im so genannten abendländischen Europa Tradition hat. Solcherlei Diffamierung der Religion, deren Anhänger erst einmal auf Herz und Nieren geprüft werden müssen, ehe sie rein rechtlich als Bürger Deutschlands betrachtet werden können, zeugt von einer westlich gemachten Binarität: das zivilisierte Christentum hier, der rückständige Islam dort. Büchl (2010, S. 258) bezeichnet dieses antimuslimische Stereotyp der Entgegensetzung von Islam und Demokratie als ein »menschenverachtendes Verfahren im Sinne eines inquisitorischen Gesinnungstests, dessen Pejoration nicht zuletzt in der Kollektivverdachtsthese besteht«. Aus rechtlicher Perspektive verstößt der baden-württembergische Gesprächsleitfaden, so die Anwälte Rüdiger und Volker (2006, S. 20), »gegen die Rassendiskriminierungskonvention der UN« und ist deshalb als Verwaltungsvorschrift mit höherrangigem Recht unvereinbar. Trotzdem wurde dieser Leitfaden auch weiterhin bei Bewerbern aus über 50 Ländern angewendet, die Teil der Organisation für Islamische Zusammenarbeit (bis 2011 »Organisation der Islamischen Konferenz«) sind.

Moscheebaudebatte

Die Auseinandersetzungen um Moscheebauten sind ohne die Berücksichtigung einer aggressiv geführten Debatte hinsichtlich des Themas
»Islam« undenkbar. Im Folgenden soll keine politische Auswertung
folgen, die den Bau von Moscheen ablehnt oder diesem zustimmt.
Vielmehr sollen anhand dieses Phänomens die entsprechenden Kampagnen sowie die ihnen zugrunde liegenden Motive und Handlungen
dargelegt werden, woran sich eine weitere Facette des Antimuslimischen Rassismus zeigt.

Bei der in der breiten Öffentlichkeit kontrovers geführten Diskussion um Moscheebauten geht es um die Frage von symbolischer Anerkennung (Büchl 2010, S. 176). An dieser Stelle dreht sich der Diskurs
um Akzeptanz, Respekt und Toleranz gegenüber einer anderen Reli-
gionsgruppe, die öffentlichen Raum nutzt, um ihren Glauben zu prak-
tizieren. Schließlich wird gemäß Art. 4 Abs. 1 und 2 des deutschen
Grundgesetzes die Religions- sowie die Glaubens- und Gewissensfrei-
heit gewährleistet und gesichert[42].

Auch wenn ein Moscheebau im Sinne einer »ungestörten Reli-
gionsausübung« verfassungskompatibel ist, wird die Debatte darum
meist emotionalisiert geführt – und ist verknüpft mit der »Integra-
tionsfrage«: »Wer baut, der will bleiben« (Büchl 2010, S. 175). Hierbei
wird offensichtlich, um welche machtvollen Exklusionsaspekte es sich
handelt: Muslime werden zu »Anderen« gemacht, die im abendländischen Deutschland öffentlichen Raum in Anspruch nehmen wollen, um demonstrativ und repräsentativ ihrem Glauben nachgehen zu
können und damit auch noch erkennen lassen, dass sie hier bleiben
werden bzw. wollen. Ein Signal, das vielfach auf Ablehnung stößt,
und das auch von Seiten bürgerlicher Prominenter. Mit rechtspopulistischer Rhetorik meldete sich 2007 Ralph Giordano (1923–2014)
im *Focus* zum Kölner Moscheebau zu Wort: »Der wahre Bauherr der

---

42   Im Grundgesetz (2014) heißt es: (1) Die Freiheit des Glaubens, des Gewis-
     sens und die Freiheit der religiösen und weltanschaulichen Bekenntnisses
     sind unverletzlich. (2) Die ungestörte Religionsausübung wird gewährlei-
     stet.

zentralen Großmoschee in Köln-Ehrenfeld ist, über ihren verlänger-
ten Arm Ditib, die Religionsbehörde Dyanet in Ankara. Dort ist das
Projekt ausgeheckt worden, für mich von Anfang an ein Zeichen der
Landnahme auf fremdem Territorium, das Symbol einer integrations-
feindlichen Identitätsbewahrung, eine Kriegserklärung.«[43]

Am Beispiel der Heinersdorfer Moscheebaudebatte in Berlin wurden weitere Motive und Argumente der Moscheebaugegner deutlich,
wie folgende Stimme zeigt: »Ich meine, es ist ja besser, wenn sie ihre
Moschee da haben, wo sie wohnen, nicht? Ich finde, die gehört da
nicht hin! Das sind doch alles kleine Häuser, hübsche Häuser, die ver-
lieren doch alle an Wert, wenn da so 'ne Moschee hinkommt. Wir sind
hier Deutsche, und wir möchten auch Deutsche bleiben, und mit dem
Islam möchten wir nichts zu tun haben. Also, ich hab nichts gegen
Ausländer oder so, aber, ich find so: Pankow ist so das einzigste Vier-
tel so, wo halt nicht so viel sind, und die Kriminalität auch nicht so viel
ist, deswegen find ich jetzt nicht, dass hier unbedingt in Pankow noch
'ne Moschee her muss.«[44]

Ethnisch-kulturelle Argumentationsmuster sowie Ängste vor einer
Islamisierung werden als Ursachen angeführt, weshalb ein Moscheebau zum Beispiel in Berlin-Heinersdorf nicht geduldet wird. Die im-
manente Vorstellung, den Islam als bedrohliche und mit Gewalt ein-
hergehende Religion wahrzunehmen sowie die Pauschalisierung aller
Muslime als Kriminelle, bedeutet eine kollektive Diskreditierung.

Auch wird in dieser Debatte kaum zwischen unterschiedlichen
Strömungen innerhalb des Islams differenziert.[45] Insofern handelt es

---

43   Ralph Giordano: Moschee-Plan eine Kriegserklärung. In: www.focus.de,
     26.9.2007 (3.12.2014)

44   Zit. nach: AG Lokaler Aktionsplan Pankow: Der Moscheebaukonflikt in
     Pankow-Heinersdorf und kommunale Handlungsmöglichkeiten, Berlin
     2007, S. 41.

45   Die Ahmadiyya-Gemeinde z. B., die den Moscheebau in Berlin-Heiners-
     dorf betrieb – bundesweit verfügte sie 2014 über 34 Moscheen, weitere sind
     im Bau bzw. in Planung –, versteht sich als reformerische Religionsgemein-
     schaft. In vielen Ländern des Nahen und Mittleren Ostens werden deren
     Angehörige verfolgt bzw. zu Nicht-Muslimen erklärt.

sich hier weniger um begründete Ängste als vielmehr um eine Instrumentalisierung politischer Konflikte, um Hegemonieansprüche nicht
abgeben zu müssen.

Im Berliner Bezirk Charlottenburg-Wilmersdorf brauchte sich erst
gar kein Widerstand gegen die Planung eines islamischen Kulturzen-
trum zu formieren. Als der Verein Nissan zum zweiten Mal versuchte,
ein Grundstück in der Nähe des Mierendorffplatzes zu erwerben, pas-
sierte lange nichts, weil die Prüfung des Baustadtrates sich über acht
Monate hinzog. Danach erfuhr man, dass das Grundstück plötzlich
verkauft war, zufälligerweise an einen CDU-Parteifreund des Baustadtrates Klaus-Dieter Göhler (Heiser 2008). Dieses Beispiel zeigt auf,
dass Protest gegen Moscheebauten nicht nur von rechtspopulistischen
Parteien und der NPD ausgeht. Auch von Seiten etablierter Partei-
en ist man immer wieder bemüht, Muslimen bei ihren Bauvorhaben
entgegenzutreten. Die Grundlage dafür ist die Vorstellung westlicher
Werte als universell, als naturgegeben. Hier geht es nicht um die Ablehnung des Islam als Religion, sondern um die Ablehnung und Abwertung von Menschen, die als »muslimisch« identifiziert werden.

»Hetzer mit Parallelen«[46] –
Antisemitismus und Antimuslimischer Rassismus

Über die Frage, inwieweit Antimuslimischer Rassismus und Antisemitismus sich vergleichen lassen, wird viel gestritten. Wolfgang Benz,
bis 2011 über zwei Jahrzehnte lang Leiter des *Zentrums für Antisemi-
tismusforschung* an der Technischen Universität Berlin, diskutierte im
Rahmen der Konferenz »Feindbild Muslim – Feindbild Jude« über
aktuelle Ressentiments gegen Muslime in Europa und insbesondere
in Deutschland. Als Instrumentarium diente die Vorurteilsforschung,
welche für die Analyse des Antisemitismus wesentlich ist. Nachdem

---

46   Unter diesem Titel erschien in der *Süddeutschen Zeitung* ein Artikel von
     Wolfgang Benz. (Hetzer mit Parallelen: Antisemiten des 19. Jahrhunderts
     und manche »Islamkritiker« des 21. Jahrhunderts arbeiten mit ähnlichen
     Mitteln an ihrem Feindbild. In: SZ, 21.3.2012)

die Konferenz medial auf heftige Reaktionen gestoßen war, entstand die Notwendigkeit, die Tagungsbeiträge zu veröffentlichen[47]. In einem Beitrag für die *Süddeutsche Zeitung* von März 2012 kommt Benz anhand eines Rückblicks auch ins 19. Jahrhundert zu folgender Quintessenz:

»Wer sich, zu Recht, über die Borniertheit der Judenfeinde entrüstet, muss aber auch das Feindbild Islam kritisch betrachten (das sich zuweilen eines aggressiven, aufgesetzten Philosemitismus bedient). Es ist ein Gebot der Wissenschaft, die Erkenntnisse, die aus der Analyse von antisemitischen Ressentiments gewonnen wurden, paradigmatisch zu nutzen. Die unterschwellig bis grobschlächtig praktizierte Diffamierung der Muslime als Gruppe durch so genannte ›Islamkritiker‹ hat historische Parallelen. Derzeit wird der Islam gedanklich mit Extremismus und Terror verbunden, wodurch alle Angehörigen der islamischen Religion und Kultur mit einem Feindbild belegt und diskriminiert werden sollen. … Der symbolische Diskurs über Minarette ist in Wirklichkeit eine Kampagne gegen Menschen, die als Mitglieder einer Gruppe diskriminiert werden, eine Kampfansage gegen Toleranz und Demokratie.« (Benz 2012)[48]

An der Debatte lassen sich Gemeinsamkeiten und Unterschiede von Funktionen herausarbeiten, die der Antisemitismus und der Antimuslimische Rassismus im christlich-europäisch geprägten Raum hatten. Antisemitismus bzw. Antijudaismus als eine der ältesten Formen der Ausgrenzung, Diffamierung, Unterdrückung und Vernichtung existiert seit ca. 2.500 Jahren und stellt eine der ältesten Diskriminierungsformen dar. Sowohl die lange Dauer der Feindschaft gegenüber Jüdinnen und Juden als auch der Versuch der vollständigen Vernichtung durch die Shoah lassen sich mit dem Antimuslimischen Rassismus nicht vergleichen.

---

47   In dem Band *Islamfeindschaft und ihr Kontext* wurden die Konferenzbeiträge sowie Kommentare dazu veröffentlicht. Im Anhang ist der in den Medien oft zitierte Aufsatz nachzulesen, und zwar unter dem Titel *Stereotype und Verschwörungstheorien – Antizionismus als islamischer (islamistischer) Antisemitismus.*

48   Wolfgang Benz: Hetzer mit Parallelen, a. a. O.

Nicht nur in vielen jüngeren Debatten (Beschneidungs-, Moschee-baudebatte etc.) lassen sich zusammenhängende Diskriminierungen zu Antisemitismus und Antimuslimischen Rassismus ablesen, auch historisch stellten antijüdische und antimuslimische Konzeptionen wichtige ideologische Grundlagen des »christlichen Abendlands« dar. Judentum und Islam wurden als exklusiv – also mit der »eige-nen« Kultur unvereinbar – und zutiefst anti-europäisch empfunden. Sie waren das Symbol »des Anderen«, das Symbol rückständiger und antimoderner Kulturen, was der europäischen Identitätskonstruktion diente (Büchl, S. 272 ff). Dabei bildete die spanische Reconquista, wie gezeigt, den »Ausgangspunkt des modernen Transformationspro-zesses vom Antijudaismus zum Antisemitismus sowie von der klas-sischen Islamfeindlichkeit zum antimuslimischen Rassismus« (ebd., S. 275). Noch heute wird mitunter auf dabei entstandene Stereotype zurückgegriffen, sei es auf Juden, die Brunnen vergiften, oder auf Muslime, die als Tiere dargestellt werden. Ergänzt wird dieses Den-ken um aktuelle Bilder, welche die Differenz zum Ausdruck bringen soll, wenn es zum Beispiel darum geht, wie antieuropäisch und men-schenrechtsverletzend Vorhautbeschneidungen bei muslimischen und jüdischen Jungen seien. In der Moscheebaudebatte lassen sich ebenso Parallelen wiedererkennen: Der Auszug aus den »Hinterhofräumlich-keiten« in repräsentative Gebetshäuser wurde auch bei Synagogen mit ähnlichen Stigmatisierungsmustern begleitet. Parallelen bei der Dis-kriminierung sah auch der Jüdische Kulturverein Berlin, der in einem offenen Brief von November 2004 erklärte: »Zunehmend scheinen Antisemitismus und Islamophobie zwei Seiten jener Medaille zu sein, in die stereotypes Handeln und neues Unverständnis mit großen Let-tern eingraviert sind. Es gibt keine rational nachvollziehbare Erklä-rung für die aktuelle Hysterie, die gezielt und ohne Rücksicht auf Ver-luste gegen Muslima und Muslime aller Länder, Sprachen, kultureller und sozialer Identitäten geschürt wird.«[49]

---

49   Brief des Jüdischen Kulturvereins Berlin e.V.: Wider die Islamophobie –
     Terror hat keine Religion, 19.11.2014, dokumentiert auf: www.ag-friedens-
     forschung.de, 8.12.2014

Zugleich lässt sich in den letzten Jahren ein Wandel des Werte-
kanons beobachten, zu dem die jüdische Philosophin A. S. Bruckstein
Çoruh 2010 in der *Frankfurter Rundschau* unter der Überschrift »Islam-
Debatte: Die jüdisch-christliche Tradition ist eine Erfindung« festhielt:
»Die Republik spricht täglich von der jüdisch-christlichen Tradition
des Abendlandes. Gewöhnlich im Sinne der Verteidigung unseres
Rechtsstaates und des Grundgesetzes, der freiheitlichen Werte unserer Gesellschaftsordnung, auch gern mit der ›Gleichstellung der Ge-
schlechter, Freiheit der Kunst, Meinungs- und Religionsfreiheit‹. Ein
Kampfplatz, auf dem es vor allem einen Gegner gibt. Der zu gar keinem Bindestrich zu taugen scheint: der Islam. Oft wird er reflexhaft
gleichgesetzt mit Religion – einer Religion, die ihre ›kriegerisch-ara-
bischen‹ Ursprünge nicht verleugnen könne. Sie bestehe aus Sharia
und Koran, so erklären uns die Experten, Moderatoren, Pädagogen,
Politiker und Journalisten und beschwören dagegen die jüdisch-christliche Tradition.«[50]

Zur ideologischen Funktion der vermeintlichen jüdisch-christli-
chen Tradition gehört wesentlich die – oftmals gegen Linke gerichtete
– Funktionalisierung des Antisemitismus-Vorwurfs mit dem Ziel, die
Politik Israels sowie die des Westens zu unterstützen.

Die Menschenrechtsdebatte

Widersprüchlich werden Debatten um Menschenrechte in Verbindung mit dem Antimuslimischen Rassismus geführt. In diesem Zusammenhang haben insbesondere Frauen- und Homosexuellenrechte
eine bemerkenswerte Aufmerksamkeit erhalten.

Der 11. September 2001 stellt aus westlicher Perspektive einen
qualitativen Wendepunkt in der verlautbarten Menschenrechtspolitik
dar: Abschreckendes Bildmaterial aus Afghanistan und dem Irak von

---

50 A. S. Bruckstein Çoruh: Islam-Debatte: Die jüdisch-christliche Tradition
ist eine Erfindung. In: Der Tagesspiegel, 12.10.2010 (www.tagesspiegel.de,
3.12.2014)

tatsächlich oder angeblich ermordeten Homosexuellen und gesteinig-
ten Frauen – und später die Berichte vom brutalen Vorgehen des Islamischen Staates – führ(t)en in der westlichen Welt, angereichert durch
ein Potpourri an Klischees, zur Homogenisierung des »Islams« bzw.
zu einem monolithischen Gefüge in der Darstellung der Menschenrechte.

Der Status von Frauen, Schwulen und Lesben in Deutschland gilt
oft als zivilisatorisches Vorbild – ungeachtet aller struktureller Mängel
bzw. der erst in den 1990er Jahren aufgehobenen schwulenfeindli-
chen Gesetze. Doch genau an dieser Stelle funktioniert Differenzierung entlang binärer Muster: westliche Zivilisation vs. islamischer
Antimodernismus bzw. nicht-westliche Wertekultur. Damit geht auch
eine weitere Durchsetzung der »deutschen Leitkultur«[51] einher: Aufklärung und Menschenrechte, worauf sich der Westen beruft, werden zu zentralen Momenten konstruierter Wirklichkeiten, während
sich diese instrumentalisierten Werte nicht erst im Zuge der eigenen
Kriegspolitik selbst blamieren. Auch hier werden Ausschlussmechanismen ersichtlich: Nicht nur abwertende Positionen ziehen sich
durch den Diskurs, sondern auch die Wahrung eigener Privilegien
mittels Exklusion der »Anderen« folgt daraus. Resümierend lässt sich
sogar sagen, dass die Menschenrechtsdebatte ein Kulminationspunkt
machtvoller alltagsstruktureller Verhältnisse ist, bei dem es nicht nur
um Folgen von Antimuslimischem Rassismus für die Betroffenen

---

51   Friedrich Merz (CDU) prägte im Jahr 2000 den Begriff »deutsche Leitkul-
      tur«. Ursprünglich wurde dieser von dem Politologen Bassam Tibi für die
      Vorstellung verwendet, dass sich Migranten in Migrationsgesellschaften
      der herrschenden kulturellen Norm anzupassen hätten, ohne die eigene
      Kultur aufzugeben. Als 1998 in Baden-Württemberg einer Lehrerin mit
      Kopftuch die Einstellung verweigert wurde, brach eine seitdem andau-
      ernde Debatte um Religionsfreiheit und Integrationspolitik aus. In seiner
      Rede im Bundestag anlässlich der Änderung des Zuwanderungsrechts for-
      derte Merz, dass »Zuwanderer, die auf Dauer hier leben wollten, sich einer
      gewachsenen, freiheitlichen deutschen Leitkultur anpassen müssten«.
      Damit ist »das christlich aufgeklärte Europa« gemeint, geprägt von der
      Antike, Humanismus und Aufklärung. Nach Yilmaz-Günay (2014, S. 71 f.)
      dient dieser Begriff »als Gegenbegriff bzw. -argument zum Multikulturalis-
      mus.

geht, sondern auch um Antisemitismus, Nationalismus und »neue deutsche Identität«, Geschlechterfragen, Sexualität und normierende Ideologien der Ungleichheit.

Frauenrechte und Sexismus

In der Debatte um ethnisch-religiöse Diversität erscheinen Schlagwörter wie Zwangsehe, Kopftuch, Genitalbeschneidung, Ehrenmord und Frauenhandel als zentrale Momente in westlichen Gesellschaften. Der kontroverse Umgang damit führte nicht nur zur Erschwerung der Lebenssituation vieler Musliminnen, auch Folgen politischer und juristischer Art gehören zur Bilanz (Straßer/Sauer 2008, S. 7).

Eine qualitativ neue Wendung in der Auseinandersetzung nahm der tragische Tod von Marwa El-Sherbini, die im Dresdner Landgericht am 1. Juli 2009 mit 18 Messerstichen ermordet wurde (wikipedia, Marwa El-Sherbini, 2014). In dem Brief des Mörders, gerichtet an das Gericht, wird ersichtlich, dass vor allem antimuslimische Motive für seine Tat ausschlaggebend waren: »keiner auf der ganzen Welt kann mir vorschreiben, dass ich Feinde tolerieren muss. ... Diese ›Frau‹, die ich angeblich beleidigt habe, trug ein Anzeichen von totaler unreligiöser und kultureller Unterwerfung von den Männern und dem Satangott nämlich ein Kopftuch. Damit hätte sie Deutschland seine Geschichte, seine Kultur und deshalb mich beleidigt. Ist das nicht Wahnsinn, dass eine Frau ihre Haare nicht öffentlich zeigen darf? Es passiert auch unfreiwillig, das ist eine alltägliche, allmähliche, nicht immer sichtbare Zerstörung der Kultur des Landes. ... Ich bin überzeugt, dass ich dem deutschen Schuldgefühl vor Geschichte und unerklärlichen Versuchen der Polizisten deutsche Bürger zu benachteiligen zugunsten von Ausländern zum Opfer gefallen bin«[52].

Gewalt, Unterdrückung und Unterwerfung sind dem Islam zugeordnete Konnotationen: Die kopftuchtragende Muslima, als schwa-

---

52 Zit. nach: Sabine Schiffer. In: »Islamophobie – Plädoyer für eine internationale Bezeichnung«, S. 6 ff.

ches, passives und unterdrücktes Opfer auf zweierlei Ebenen: der
Religion und von Männern. Diesbezüglich wird hier die »falsche«
Religion dämonisiert und das Männerbild zugleich als gefährlich, do-
minant und überpräsent konstruiert. Die Motive des Täters wurden
vervollständigt, indem er den Mord im Dienste Deutschlands durch-
geführt hätte. Am Umgang der Medien mit dem Fall wurde kritisiert,
dass diese größtenteils den Fall als persönliche Tragödie darstellten
und die politische Tragweite so lange ausblendeten, bis die internationale Presse den nötigen Druck ausübte.[53] Auch wenn der angeführte Brief in mancherlei Hinsicht nicht an die 1.500-seitige islamfeindliche Erklärung des norwegischen Attentäters Anders Breivik[54]
heranreicht: Gemeinsam ist beiden, dass antimuslimische Ideologien,
die auch über konservativ-bürgerliche Medien transportiert werden
– Breivik bezog sich etwa explizit auf den *Welt*-Autor Henryk M. Broder –, ihre Taten mit befeuern.

So werden auch in der Sexismusdebatte geschlechterspezifische
Repräsentationen und Identitäten im Rahmen populärer und stereo-
typisierender Figuren und Deutungen transportiert. Das benutzte
Repertoire an Bildern und Imaginationen über die »muslimische
Frau« und ihre Stellung in der Gesellschaft vermittelt, insbesondere in Kombination mit konstruierten Differenzen zur »westlichen
Frau«, die Botschaft eines unemanzipierten Subjekts. Anhand pater-
nalistischer Vorstellungen entsteht die Figur der von muslimischen
Männern unterdrückten Muslima, die von westlichen Frauenrecht-
lerinnen und -rechtlern aus dem »Burka-Gefängnis« gerettet werden
muss.

Mitunter richten sich rassistische Vorwürfe, die im antisexisti-
schen Gewand daherkommen, auch gegen Jugendliche. Nur eines
von vielen Beispielen: Birgit Schmidt thematisierte in der Wochenzei-

---

53 Eintrag auf wikipedia.de: Marwa El-Sherbini, (4.12.2014); Gudrun Harrer:
    »…ist für uns die Moslembrut«. In: Der Standard, 24./25. Juli 2009 (www.
    derstandard.at, 4.12.2014).

54 Bei Anschlägen von Breivik in Oslo und auf der Insel Utøya kamen im Juli
    2011 77 Menschen ums Leben kamen, vor allem Teilnehmer eines Zeltla-
    gers der sozialdemokratischen Jugendorganisation AUF.

tung *Jungle World* ganz im Stile Thilo Sarrazins, dessen Buch *Deutschland schafft sich ab* kurz zuvor erschienen war, die Diskriminierung der nicht-migrantischen und nicht-muslimischen Bevölkerung im Berliner Stadtteil Neukölln (Schmidt, 2010). Sie beschreibt migrantische Jugendliche als besonders frauenfeindlich im Vergleich zu »deutschen« Gleichaltrigen. Unter Bezug auf bürgerliche Medien schreibt Schmidt: »So langsam wird Klartext gesprochen: ›Es geht hier nicht um die Söhne polnischer, kasachischer oder italienischer Einwanderer, sondern um junge Muslime.‹ Das schreibt Regina Mönch in der *FAZ*.« Entsprechend leitete die *Jungle World* den Beitrag wie folgt redaktionell ein: »An etlichen Berliner Schulen sehen sich nicht-migrantische und nicht-muslimische Schüler Angriffen ausgesetzt. Der Zusammenhang mit der muslimischen Männerkultur ist offensichtlich.«

Teil der antimuslimisch konnotierten Sexismus-Debatte ist auf der einen Seite die undifferenzierte Wahrnehmung der »Anderen«, die Kollektivierung und die Homogenisierung der Lebensentwürfe aller Muslimas. Im Umkehrschluss bedeutet dies »für das konservative westliche Geschlechtermodell« (Rommelspacher 2009, S. 397) eine Entlastung von bestehendem Sexismus. Indem dieser den muslimischen Männern und Gesellschaften vorgehalten wird, präsentiert sich der Westen als emanzipiert, tolerant und »gendergerecht«.

Die Kopftuchdebatte

Elibol (2008, S. 172) beschreibt die Symbolik des Kopftuches als eine Projektionsfläche für viele inhaltliche Spannungsfelder innerhalb der Frauenrechtsdebatte. Auch die Diskussionen über Zwangsehe, Sexualität und Ehrenmord sind stark damit verknüpft. Indem das Kopftuch als Ausdruck von Unterdrückung stigmatisiert wird, erlebt das Thema Frauenrechte Konjunktur. Doch nicht nur von feministischer Seite wird das Thema – mit unterschiedlichen Standpunkten – reflektiert. Auch konservative Kreise, die sich bislang kaum mit Frauenrechten befassten, nehmen dazu Standpunkte ein, indem vehement das Recht muslimischer Frauen auf Freiheit statt dem Zwang zum Kopftuch gefordert wird. Für die ehemalige baden-württembergische CDU-Kulturministerin Annette Schavan[55] ist das Kopftuch »innerhalb des Islam immer stärker zum Symbol für politischen Islamismus, für kulturelle Abgrenzung, geworden. Es steht auch für eine Geschichte der Unterdrückung der Frau« (Schavan, 2005).

Für die *Emma*-Herausgeberin Alice Schwarzer, selbst Teil des konservativen Lagers – genannt seien nur ihre Rückendeckung für Angela Merkel oder ihre ehemalige Rolle als Werbeträgerin und Berichterstatterin für die *Bild*-Zeitung –, ist das Kopftuch »von Anfang an auch innerhalb der islamischen Länder nicht nur eine konkrete Behinderung für Frauen, sondern auch das Zeichen, die Flagge des Islamismus« (Die Presse, 2010).

Die Auseinandersetzung wird auch vor dem aufgezeigten Hintergrund der hegemonialen global-ökonomischen und weltpolitischen Rahmenbedingungen geführt (Popal 2007, S. 87 ff). Innerhalb westlicher Staaten nehmen Weiße für »Andere«, in diesem Fall für muslimische bzw. für kopftuchtragende Frauen die Entscheidungslegitimation in Anspruch, ob ein Kopftuchverbot erfolgen sollte oder nicht.[56] Die muslimische Frau wird in dieser Debatte durch dominante »abendländische« Perspektiven repräsentiert. Darüber hinaus erfolgt die Homogenisierung von Frauen, die ein Kopftuch tragen, zu einem monolithischen Islambild von Frauenunterdrückung und männlicher Dominanz. Dabei wird das Gebot einer Differenzierung zwischen Fremdwahrnehmung und eigener Wahrnehmung übersehen: Über Muslima sprechen und Muslima sprechen lassen.

---

55 Annette Schavan, ehemalige stellvertretende Bundesvorsitzende der CDU, studierte Theologin und wegen »vorsätzlicher Täuschung durch Plagiat« in Zusammenhang mit ihrer Promotion ausgeschiedene Bundesministerin, seit 2014 im Vatikan als deutsche Botschafterin beim Heiligen Stuhl.

56 Innerhalb westlicher Staaten ist die Kopftuchdebatte kaum von einem strukturellen Antimuslimischen Rassismus zu trennen. Anders verhält sich dies etwa in der Türkei, wo es bis zur Ära Erdogan im Sinne des laizistischen Kemalismus ein striktes Kopftuchverbot in öffentlichen Einrichtungen gab.

Schwulen- und Lesbenrechte

Homophobe Erscheinungungsformen wurden in den letzten Jahren öffentlich gemacht – wobei auch antimuslimische Ressentiments verstärkt wurden (Haritaworn 2007, S. 199). Dabei offenbart sich auch die Sprache, mit der über Rechte und Freiheiten von Nicht-Heterosexuellen gesprochen wird, häufig als rassifiziert. Die zivilen Rechte und Freiheiten des abendländischen Westens, so zumindest der Subtext, müssten gegenüber weniger »Unzivilisierten« geschützt werden. Dass der homosexuellenfeindliche § 175 in der Bundesrepublik erst in den 1990er Jahren aufgehoben wurde, wird dabei nur selten erwähnt.

Innenpolitisch wurde der Diskurs um Homophobie nach 9/11 verstärkt kulturalisiert (Yilmaz-Günay 2011, S. 8 ff), so dass diese öffentlich mehr und mehr als eine der Erscheinungsformen des »Islams« wahrgenommen wird. Instrumentalisiert wird dies sowohl außen- als auch innen- bzw. asylpolitisch, um gleichermaßen Druck auf bestimmte Staaten wie auf Personengruppen auszuüben. In diesem Zusammenhang sorgte Judith Butlers Ablehnung des Zivilcourage-Preises des Berliner Christopher Street Day von 2010 für Aufsehen. In ihrem Buch »Raster des Krieges« thematisiert Butler (2010, S. 102) mit einer Kritik an die Moderne und ihren Freiheitsauffassungen die Verknüpfung zwischen progressiver Sexualpolitik und der Diskriminierung religiöser Minderheiten. Sexuelle Freiheit wurde zum Topos der Moderne und diente als Rechtfertigung für eine Abwehrhaltung gegenüber dem Islam. Nach diesem Argumentationsmuster lehnte Butler, die mitunter als »Queen der Gender- und Queer-Studies« bezeichnet wird[57], den Preis ab und warf dem veranstaltenden LSVD (Lesben- und Schwulenverband Deutschland) Komplizenschaft von Teilen der homosexuellen Szene mit außenpolitischer Militarisierung und rassistischer Mobilmachung gegen Muslime im Inland vor (Butler, 2010).

---

57 Vgl. Ulrike Baureithel: Judith Butler. Die Nestbeschmutzerin. In: der Freitag, 6.9.2012.

Obwohl eine historische Auseinandersetzung mit der Bedeutung gleichgeschlechtlicher Liebe in der islamischen Welt dutzende gegensätzliche Belege liefert, wirkt die seit 2001 breit geführte Debatte um »islamische Homophobie« essentialisierend, d. h. die Andersartigkeit des »Anderen« wird festgeschrieben zur Selbstvergewisserung der eigenen, vermeintlich überlegenen Kultur. Homophobie als islamisches Produkt zu verdammen, ist irreführend, weil die Vorstellung von bzw. die Konstruktion der »normalen Mehrheit« und »andersartigen Minderheit«, die gleichgeschlechtliche Akte als »widernatürlich« oder als »Defekte der Natur« beschreibt, auf dem Boden der christlichen Theologie entstand. Die Verfolgung von Schwulen und Lesben in islamischen Ländern lässt sich sogar wesentlich auf den europäischen Kolonialismus und eine entsprechende Missionierung zurückführen. So geht der Islamwissenschaftlers Thomas Bauer davon aus, dass sich in der islamischen Kulturgeschichte zwischen den Jahren 800 und 1800 »keine Spur von Homophobie« feststellen lasse. Vielmehr habe erst der Westen im 19. Jahrhundert den »Kampf gegen den unordentlichen Sex« im Nahen Osten eingeführt.[58]

Der vorgeschobene Kampf um die sexuelle Befreiung der Muslime diente auch dazu, den eigenen Umgang mit Homophobie zu rehabilitieren. In der postnazistischen Bundesrepublik wurden Schwule bis 1969 staatlich verfolgt und bis 1994 durch ein »Schutzalter« strafrechtlich diskriminiert.[59]

---

58   Viola van Melis / Zentrum für Wissenschaftskommunikation des Exzellenzclusters »Religion und Politik« an der Universität Münster: »Islam tolerierte früher Homosexuelle.« Bericht des Humanistischen Pressedienstes über einen Vortrag von Thomas Bauer zum Thema »Männerliebe in der islamischen Geschichte und Gegenwart« im Rahmen der Ringvorlesung »Geschlecht und Politik«, 16.11.2011, Humanistischer Pressedienst, http://hpd.de/node/12315 (5.12.2014)

59   Erst 1994 wurde in der Bundesrepublik der § 175 zu »Homosexuellen Handlungen« aufgehoben, in dem es geheißen hatte: »Ein Mann über achtzehn Jahren, der sexuelle Handlungen an einem Mann unter 18 Jahren vornimmt oder von einem Mann unter 18 Jahren an sich vornehmen lässt, wird mit Freiheitsstrafe bis zu fünf Jahren oder mit Geldstrafe bestraft.«

Die Beschneidungsdebatte

Im Sommer 2012 wurde in der deutschen Öffentlichkeit eine länger anhaltende Debatte über die Beschneidung von Jungen geführt, bei der antimuslimische mit latent antisemitischen Vorurteilen zusammengewürfelt wurden. Dabei wurde die Integrationsdebatte mit einer neuen Intensität aufgerollt, und wieder einmal konnten Religion und »Kultur« anhand binärer Wertvorstellungen diskutiert werden. Ein willkommener Schauplatz für viele, ihrer Meinung freien Lauf zu lassen: Zwei Jahre nach der Sarrazin-Debatte konnte ungeniert über die »Fortsetzung einer Zivilisierungsmission« (Çetin / Voß / Wolter, S. 15) gesprochen werden.

Zur Ausgangssituation dieser Debatte: Ein Kölner Krankenhaus stellt Anzeige gegen den Arzt eines an Nachblutungen aufgrund einer Vorhautbeschneidung leidenden Jungen. Eine kleine Strafkammer des Kölner Landgerichts spricht den beschneidenden Arzt frei, bestätigt gleichzeitig das Verbot religiös motivierter, medizinisch nicht indizierter Amputationen der männlichen Vorhaut bei Jungen unter vierzehn Jahren. Erst nach Ablauf der Berufungsfrist wird dieser Freispruch auf Hinwirkung eines jungen Juristen medial ausgeschlachtet.

Unter Berufung auf universelle Menschen- und Kinderrechte[60] sowie auf aufklärerische Werte bringen Journalisten, Juristen und Ärzte ihre große Sorge über das Leiden von jungen Muslimen und Juden zum Ausdruck – zumeist unter Missachtung von deren Empfindungen. Denn Betroffene, die von vermeintlichen Traumatisierungen berichten, waren kaum in Sicht: Im deutschen Sprachraum ließ sich keine innerjüdische oder im weitesten Sinn innermuslimische Initiative von Zirkumzisionsgegnern ausfindig machen; und ein Beschnittener, der sich während der Debatte dann doch negativ äußerte, sprach sich zugleich gegen ein Verbot aus (Çetin / Voß / Wolter, S. 29). Vielmehr überwog die Empörung von muslimischer und jüdischer Seite. Zu den

---

60 Fraglich bei dieser Debatte scheint die Tatsache zu sein, dass über Kinderrechte selten bis nie im Rahmen der staatlichen Verarmungspolitik in Form von Hartz IV diskutiert wird, und schon gar nicht über Rechte muslimischer Kinder (Yilmaz-Günay, 2013).

prominenteren Stimmen zählte der Schriftsteller Feridun Zaimoglu, der in einem *FAZ*-Interview äußerte:»Wir erinnern uns an die Kopftuchdebatte: Rechtskonservative bemühten die Frauenrechte. Für den, der den Muslim hasst, ist jedes Mittel recht. Gestern Feminist, heute Jäger der verlorenen Vorhaut.«[61]

Insgesamt war der Tenor der Auseinandersetzung, dass die»anderen« Religionen sich an»unsere säkulare zivilisierte« Gesellschaft anpassen sollen (ebd., S.39). Dabei wurde die»abendländische Zivilisation« als Norm gesetzt – mit missionierendem Charakter. Im Unterschied zu anderen Debatten wirkten in diesem konkreten Fall antimuslimische und antisemitische Bilder zusammen.

Zuletzt muss noch erwähnt werden, wie die»Beschneidungsdebatte« instrumentalisiert wird, um auch über Sexualität und Geschlechterfragen, Genitalverstümmelung und Intersexualität zu sprechen. Heinz-Jürgen Voß äußerte sich in seinem Blog 2012:»In der Gesellschaft sollte vielmehr ein Dialog aufkommen, wie die engen Geschlechternormen und die Eingriffe in die Selbstbestimmung entlang von Geschlecht grundlegend geändert werden können. Das träfe aber alle gesellschaftlichen Normen, es würde bedeuten, dass grundlegend etwas gegen die Gewalt gegen Frauen getan werden müsste, grundlegend Geschlechterstereotype angegriffen werden müssten, grundlegend etwas gegen die Medizinisierung und Psychiatrisierung der Menschen getan werden müsste.« Deshalb erscheint es wichtig, diese Debatte immer im Zusammenhang mit zugrunde liegenden und ineinandergreifenden Machtasymmetrien zu betrachten.

Die Antisemitismusdebatte und der Nahostkonflikt

Auch in der Antisemitismusdebatte wird häufig mit Orientbildern und -stereotypen entlang von Rechte- und Wertediskussionen operiert, die im Zusammenhang mit dem Nahostkonflikt instrumenta-

---

61   »Deutschland macht sich lächerlich«. Feridun Zaimoglu im Gespräch. In:
      www.faz.net, 29.7.2012 (5.12.2014)

lisiert werden. Antisemitische Einstellungen werden bei Muslimen mehrheitlich als gegeben angenommen. Diese Zuweisung entspringt einem Denken, bei dem das »Eigene« oder die eigene Konstruktion von »Wir« als »fortschrittlich«, »aufgeklärt« und »zivilisiert« dargestellt wird. Diese Annahmen gelten für verschiedene westliche Länder, in Deutschland speist sich die Debatte zudem aus spezifischen vergangenheitspolitischen Motiven. Indem ein besonders signifikanter Antisemitismus bei den »Anderen« – in diesem Fall bei Muslimen – angenommen wird, kann von »eigenen« historischen Verbrechen bzw. vom »eigenen« Antisemitismus abgelenkt werden. Mit der Zurückweisung von Kritik an der »eigenen« Geschichte wird mitunter auch der Holocaust relativiert. Das gilt umgekehrt auch dann, wenn jene »eigene« Geschichte instrumentalisiert wird: Man selbst habe aus ihr gelernt und müsse deshalb »mehr Verantwortung« in der Welt übernehmen – und sei es mit militärischen Mitteln. Hier aufzuzählen, wo überall schon ein »neuer Hitler« ausgemacht wurde, dem es entschlossen entgegenzutreten gilt, erscheint müßig. So oder so wird »mit Hinweis auf ihren besonders schlimmen Antisemitismus«, so Attia (2007, S. 15), »die Diskriminierung und Ausgrenzung von Muslimen gerechtfertigt. ... In Anbetracht des muslimischen Antisemitismus kann der eigene vernachlässigt werden, die deutsche Rolle besteht nun darin, Juden vor Muslimen zu beschützen. Das hebt das beschädigte Selbstbewusstsein und bestätigt abermals die eigene Überlegenheit.« Die daraus abgeleitete eigene überlegene Position erscheint in diesem Kontext in Analogie zum okzidentalen Denken und Handeln.

Zunehmend diente der Antisemitismusvorwurf in den vergangenen Jahren dazu, bestimmte Positionen im Zusammenhang mit dem Nahostkonflikt zu diskreditieren. Dabei werden sowohl deutschjüdische Distanzierungen von der Politik des Staates Israel als auch kritische innerisraelische Stimmen zugunsten einer staatstragenden Position weitgehend ignoriert – und das nicht erst, seitdem Bundeskanzlerin Angela Merkel (CDU) 2008 die Sicherheit Israels zum »Teil der Staatsräson meines Landes« erklärte. Gleichzeitig findet eine vehemente Diffamierung insbesondere »arabischer« oder »islamischer« Israelkritik statt, indem diese als antisemitisch gegeißelt wird.

Hinsichtlich der Wahrnehmung von Palästinensern greifen wiederum tradierte Orientbilder. Gemäß dem Politikwissenschaftler Jochen Hippler (2002, S. 205) erfolgt die westliche Wahrnehmung der nahöstlichen Region entlang so genannter Kulturlinien und der Religion: das Fremdartige wird als das Trennende beider Kulturkreise betont. Deren muslimischer Teil wird, solange nicht romantisiert und als exotisch dargestellt, oftmals als Synonym für Instabilität, Gefahr und Unsicherheit wahrgenommen. Hippler (2002, S. 207) hält fest: »Die Bewohner des Nahen Ostens sind Muslime, und sie seien irrational, unberechenbar, ihre Religion mittelalterlich, mit Fanatismus verknüpft und ihre Kultur durch ihre Andersartigkeit unverständlich.«

(Arbeits-)Migranten sowie Flüchtlinge, die als Muslime gelten oder etwa aus dem Libanon, der Türkei, dem Irak, dem Iran oder aus dem Norden Afrikas kommen, wird in westlichen Demokratien häufig »islamischer Antisemitismus« (Attia 2009, S. 84) unterstellt. Dass dieser Vorwurf diskursiv und politisch auf Europa zurückverweist, wird in der Analyse gerne unterschlagen. Denn neben dem Konflikt um Palästina gehört zu den wesentlichen Faktoren, die den »islamischen Antisemitismus« ausmachen, dass dabei europäisch-christliche Antisemitismen aufgegriffen werden.

Anne Goldenbogen, von 2010 bis 2013 Projektleiterin des Bundesmodellprojektes »Anerkennen, Auseinandersetzen, Begegnen – präventive pädagogische Konzepte gegen Antisemitismus für die Migrationsgesellschaft«, macht deutlich: »Es existiert kein ›muslimischer Antisemitismus‹. Es gibt keinen spezifischen Antisemitismus, der originär mit dem muslimischen Raum verbunden, aus diesem entstanden oder ausschließlich bei muslimischen Menschen anzutreffen ist. Der Antisemitismus der heutigen Zeit ist ein moderner. Sein Ursprung liegt in Europa und es gehört zu seinen Charakteristika, sich verschiedenen gesellschaftlichen und politischen Realitäten anzupassen. Gewiss lassen sich spezifische Verknüpfungen mit antijüdischen Koranpassagen oder -auslegungen finden. Aber als eine tragende

Säule des muslimischen Fundamentalismus ist Antisemitismus fester Bestandteil einer politischen Ideologie und nicht der islamischen Religion. Allerdings kommen Islamisten die Wogen der Empörung im Zusammenhang mit den Nahostkonflikt nicht ungelegen, bilden sie doch einen fruchtbaren Nährboden für antisemitische Propaganda« (Goldenbogen 2014, S. 6).

Mit dem zunehmenden Antimuslimischen Rassismus nach 9/11 erfuhr der Vorwurf des Antisemitismus gegen Muslime und muslimisierte Personen, mitsamt aller politischen Instrumentalisierung, jedenfalls eine neue Konjunktur.

Die Medien

»Die dunkle Seite des Islam – Acht unbequeme Wahrheiten über die muslimische Religion«, titelte das Magazin *Focus* im November 2014 (Nr. 45/2014). Das Cover zeigt das bis auf die Augen verschleierte Gesicht einer Frau, deren Blick etwas Bedrohliches verrät. Im Innenteil des Heftes werden die »acht Wahrheiten« unter der Überschrift »Ein glaube zum Fürchten« wie folgt zusammengefasst: »Der Islam will das gesamte Leben bestimmen«, »Der Islam ist intolerant«, »Der Islam unterdrückt die Frauen«, »Der Islam ist innovationsfeindlich«, »Die islamische Welt ist heute islamistischer als vor 100 Jahren«, »Die Anpassung der Muslime an europäische Sitten ist rückläufig«, »Der Islam eignet sich zum Missbrauch durch Extremisten«, »Der Islam braucht einen Luther« (ebd., S. 21-26).

Ob derart offen oder subtiler: Antimuslimischer Rassismus wird auch über Massenmedien transportiert, die durch Sprach- und Bildwahl sowie durch Kontextualisierung von Themen und Akteuren alltäglich Deutungsmuster über den Islam, die Muslime und muslimisierte Personen bieten (Paulus 2007, S. 280). Durch die Art und Weise, wie Aussagen, Erfahrungen und medial platzierte Zusammenhänge präsentiert werden, wird ein als wahr geltendes Bild der Wirklichkeit suggeriert. Die Leiterin des Erlanger Instituts für Medienverantwortung, Sabine Schiffer (2005, S. 24), merkt an: »Mensch und Medien

konstruieren unter Verwendung von Zeichen ständig Wirklichkeiten[62], die nicht dem Erlebten entsprechen – auch wenn nur Fakten
berichtet werden. Da wir uns alle an dem orientieren, was wir schon
zu ›wissen‹ meinen, ergibt sich unbemerkt eine Wiederholung dersel-
ben Ausschnitte, was den Eindruck von Authentizität noch verstärkt.
Auf diese Weise entstehen Stereotype, die pars pro toto für die ganze
Wahrheit gehalten werden.«

Oftmals wird über den Islam oder die Muslime nur ein Wirklich-
keitsausschnitt vermittelt, der zudem in einem Stereotyp kondensiert
ist. So kommt beispielsweise die plakative Illustration einer muslimischen Frau kaum ohne die Verwendung eines Kopftuches aus, wodurch die abgebildete Frau auf wenige Eigenschaften reduziert wird,
in diesem Fall auf die Zuschreibung von Unmündigkeit und Unter-
drücktsein in orientalisierten patriarchalen Verhältnissen. Dies fungiert aus der Sicht der Stereotypträger undifferenziert als »erschöp-
fende Ganzheitsbeschreibung der kategorisierten Gruppe« (Massud
2011, S. 66). Dieser Mechanismus erstreckt sich auf zahlreiche andere kategorisierende Ereignisse. Das Thema Jugendkriminalität offe-
riert ebenso viele Zerrbilder in der Wahrnehmung der Problematik.
Kulturalistische Argumentationsmuster werden als Erklärung bei
Heranwachsenden mit zugeschriebenem migrantischem Hintergrund
herangezogen, während im Falle von »weißen« bzw. als deutsch wahr-
genommenen, straffällig gewordenen Jugendlichen individuelle oder
soziale Ursachen hervorgehoben werden. Ganz abgesehen davon
sind Gewalt und Kriminalität keine geeigneten Indikatoren für einen
Kulturvergleich, weil die sozialen und ökonomischen Bedingungen[63]
viel ausschlaggebender für das Verhalten der Jugendlichen sind (Rommelspacher 2007, S. 248 ff).

In ihrem Beitrag über die Rezeption des »Islams in den deutschen
Medien« stellt Schiffer (2005, S. 25 ff) fest, dass, ähnlich wie bei an-

---

62   Mit »Zeichen« meint Sabine Schiffer ein Bild oder ein Wort. Was davon
      verwendet und was ausgeblendet wird, hängt vom Wirklichkeitsausschnitt
      ab, mit dem die Aufmerksamkeit gelenkt wird (ebd.).

63   Diese stehen selbstverständlich in einer wechselseitigen Beziehung zu rassi-
      fizierenden Vorgängen.

deren Themen, meist das »Normale, Unspektakuläre« ausgeblendet wird, denn: »only bad news are good news«. Dieser Mechanismus führt zu einer Verstärkung von Stereotypen und Schuldzuweisungen. Durch eine reduzierte Darstellung erfolgt – unter Verwendung eines Begriffs aus der Filmtechnik – ein »Sinn-Induktionsschnitt«, d. h. Texte und Bilder werden so zueinander montiert, dass sie nur einen Teil des Zusammenhangs darstellen und möglichst suggestiv wirken. Beispielhaft erklärt Schiffer (ebd., S. 27) diesen Mechanismus[64] anhand eines Ereignisses, bei dem im Hinblick auf das Thema »Genitalverstümmelung von Mädchen in Ägypten« gefordert werde, dass mit einer Kampagne gegen die Beschneidung zuerst die religiösen Führer von der Sinnlosigkeit dieser Praktik überzeugt werden müssen. Völlig ausgeblendet bleibe jedoch die Tatsache, dass die Genitalverstümmelung[65] nicht unmittelbar mit dem Islam zu tun habe. Vielmehr sei diese eine altafrikanische Tradition, die sowohl in einigen islamischen, als auch in nichtislamischen Ländern angewandt wird.

Ähnlichkeiten weist auch die mediale Aufarbeitung der Kopftuchdebatte auf. In den meisten westeuropäischen Ländern, so auch in der Bundesrepublik, wurde darüber in den letzten Jahren kontrovers

---

64 An anderer Stelle gibt Schiffer ein Beispiel aus jenem Bereich, aus dem der Begriff eigentlich kommt: »Eine effektive Technik der Verknüpfung unterschiedlichster Bereiche stellt der so genannte Sinn-Induktionsschnitt der Filmtechnik dar, den ich im Folgenden an einem Beispiel aus einer Sendung Peter Scholl-Latours demonstrieren möchte: ›Das Schlachtfeld der Zukunft.‹ Innerhalb seines Rundumschlags durch die verschiedensten südsowjetischen Republiken kommt es auch zu einer ›Explosion in einem Lager russischer Soldaten in Kaspisk‹. Zu sehen sind Bilder von zerstörten Häusern und Räumfahrzeugen. Dann Schnitt: ›Und schon fällt der Blick auf eine Moschee, die Sultan Ahmed Moschee, gebaut nach türkischem Vorbild…‹ Und tatsächlich unser Blick fällt auf die Kuppel einer Moschee mit Halbmond, deren architektonische Herkunft im Folgenden erklärt wird. Kein Zusammenhang zwischen Moschee und Explosion? Explizit wird nicht begründet, warum hier implizit und in aller unbemerkten Schnelligkeit die Themen ANSCHLAG und ISLAM miteinander verknüpft werden.« (Sabine Schiffer, Islam in den Medien, Vortrag vom 3.6.2004 im Rahmen der 10. Islamwoche in Berlin, www.al-sakina.de, 10.12.2014)

65 Zur Debatte um die Verwendung des Begriffs vgl. z. B. Hrzan (2005): Sind alternative »Erzählungen« über Female Genital Cutting (FGC) möglich?«

und heftig debattiert. Diese Debatten mündeten zunehmend in institutionelle Regelungen.[66] Die Auseinandersetzungen veranschaulichen eingängig, dass Maßnahmen mit dem proklamierten Ziel einer Realisierung von Geschlechtergleichheit bei so genannten kulturellen Minderheiten in Deutschland zur Schaffung neuer Ungleichheiten führten, etwa durch die Verabschiedung von Sondergesetzen. Der Fokus liegt nicht auf der Reflexion bzw. Aufhebung von Ungleichheiten[67], sondern auf der politischen Artikulation kultureller Differenz (Gresch/Hadj-Abdou 2008, S. 97 ff). Auch in den Medien wurde weitgehend ausgeblendet, dass der Schleier und das Kopftuch keine spezifisch islamische Tradition aufweisen. So wurde die Verschleierung bei sumerischen Tempelpriesterinnen vorgefunden, die vor rund 5.000 Jahren, also lange vor Entstehung des Islam um 800 u. Z., im südlichen Mesopotamien lebten (Hackensberger 2009). Christliche Nonnen verschleiern sich ebenso und bis weit ins 20. Jahrhunderts trugen auch zahlreiche Frauen in Deutschland Kopftuch (Wenk 2008).

Über die konkreten Beispiele hinaus gilt: Nahezu sämtliche bisher dargestellten Formen von Antimuslimischem Rassismus – vom herbeigeredeten »Clash of Civilizations« über innenpolitische Themen (Asylpolitik, »Sarrazin-Debatte« etc.) bis hin zur »War on terror«-Propaganda – werden, so sie der herrschenden Politik in die Hände spielen, auch mit Hilfe von Massenmedien geschürt, sei es offen oder latent.

Zu den Quellen der Medien, wenn nicht zu deren Netzwerk, zählt weiterhin auch der Verfassungsschutz – ungeachtet des Zwielichts, in das dieser im Zuge der NSU-Morde verstärkt geriet. Aber auch unge-

---

66 Im Zuge der Kopftuchdebatte haben sich für Staatsbedienstete folgende Modelle herausgebildet: Prohibitive Regelungen, die das Kopftuch generell verbieten (Frankreich und einige Bundesländer in Deutschland); gesetzliche Maßnahmen, die eine bestimmte Form von Bedeckung verbieten (Niederlande, Finnland) und ein *tolerantes* Modell, das keine Einschränkungen kennt oder rechtliche Vorkehrungen trifft (Gresch/Hadj-Abdou S. 97).

67 Das würde z. B. die Hinterfragung und Beseitigung rassifizierter gesellschaftlicher Stereotype und damit einhergehend die Erleichterung von Zugängen zu politischen, ökonomischen und sozialen Gütern, d. h. umfassende gesellschaftliche Teilhabe, bedeuten.

achtet eines Hinweises des Berliner Verwaltungsgerichts. Dieses hatte in einer Pressemitteilung (Nr. 6/2012 vom 16.2.2012) bezüglich der Informationsbeschaffungspolitik des Bundesinnenministeriums auf eine unzureichende bis hin zu falsch dargestellten Beweislage bei der Berichterstattung über »religiösen Extremismus« hingewiesen (Senatsverwaltung für Justiz und Verbraucherschutz, 2012). Vor diesem Hintergrund wird einmal mehr deutlich, mit welch tendenziösen Motiven die »Erkenntnisse« über den Islam in der Öffentlichkeit, verbreitet, ja: durchgesetzt werden.

Auch die in anderen Verfassungsschutzberichten angeführten geschätzten und gerundeten Angaben zu »Islamismus und islamistischer Terrorismus« in Deutschland verweisen auf ein steigendes, nicht näher definiertes »Islamismuspotenzial« (vgl. bspw. Bundesministerium des Inneren 2010, S. 207). Dabei handelt es sich offenbar um die Anzahl der geschätzten Personen, denen Bestrebungen gegen die »freiheitlich demokratische Grundordnung« zugesprochen werden. Berichten kann entnommen werden, dass ein Großteil der Informationsgewinnung aus »allgemein zugänglichen Quellen« erfolgte (ebd., S. 18). Eine konkrete Benennung und Definition des verwendeten Materials wird nicht explizit erläutert. Obwohl exakte Informationsquellen nicht aufgeführt werden und nur »öffentlich zugängliches Material« benutzt werde, gelten die Verfassungsschutzberichte für viele Medien als theoretische und empirische Grundlage.

Die einseitige und verzerrte Darstellung von komplexen Zusammenhängen in etablierten gesellschaftlichen Diskursen über »den Islam« hat wachsenden Einfluss auf das Leben von Muslimen und muslimisierten Personen. Die Herstellung dominanter, pauschalisierender Bilder und Stereotype über den Islam und über Muslime widerspricht nicht zuletzt einem originär bürgerlichen Selbstverständnis, wonach die Zubilligung gleicher Rechte für alle Religionsgemeinschaften vorausgesetzt wird. Massud (2011) weist auf die Gefahr der fortschreitenden Stereotypisierung hin und verdeutlicht, dass dadurch nicht nur verzerrte Wahrnehmungen gesellschaftlicher Wirklichkeit produziert werden, sondern in diesem Prozess auch der Mechanismus enthalten ist, alternativen Anschauungen generell entgegenzutreten.

Terrorismus, Krieg und Hegemonieansprüche

Die seit dem 11. September 2001 neu befeuerte Terrorismusdebatte begründete eine neue Qualität neoliberaler Politik und großmacht-politischer Ambitionen. Eine Zunahme an Schuldzuweisungen gegen-über Muslimen ist dabei auffällig (Lueg 2002, S. 31 f). Darüber hinaus folgte im Bereich der Inneren Sicherheit ein Abbau von Bürgerrech-ten, der mit einer neuen »terroristischen Bedrohung« gerechtfertigt wird. Darunter fallen die Einführung biometrischer Ausweise, die Vorratsdatenspeicherung, die heimliche Online-Durchsuchung und -Überwachung sowie die Ausweitung der Videoüberwachung im öf-fentlichen Raum.

Außenpolitisch ging mit der Terrorismusdebatte eine verstärkte Militarisierung und Legitimierung geopolitisch motivierter Einfluss-nahmen einher. Als Beleg dafür kann beispielsweise die westliche Intervention in Afghanistan angeführt werden. Der Kriegseinsatz wird von der Bundeswehr als »humanitäres Engagement« begründet, ver-bunden mit dem Ziel einer Stabilisierungsmission und der Koordinie-rung des Wiederaufbaus (Rippl, 2012). Neben den Menschenrechten im Allgemeinen musste auch der Schutz von Frauenrechten im Beson-deren für die Begründung von Waffengängen herhalten. Doch mehr noch: Der damalige Bundesverteidigungsminister Peter Struck (SPD) erklärte 2002: »Die Sicherheit der Bundesrepublik Deutschland wird auch am Hindukusch verteidigt.«

Entsprechend warnen Staat, Medien und Politik vor islamisti-schem Terror und einer steigenden Gefahr durch entsprechende Anschläge im eigenen Land. Ungeachtet dessen geht aus einem Europol-Bericht von 2010 hervor, dass »es in den Jahren 2007 bis 2009 insgesamt 1.316 versuchte bzw. vereitelte oder ausgeführte Ter-roraktivitäten in der EU gab. Auf islamischen Terrorismus gehen nur drei zurück« (Vgl. auch Europol Te-Sat 2010, EU terrorism situation and trend report, S. 50). Konkret bedeutet dies, dass nur ungefähr 0,2 % der genannten Taten einen »islamischen Hintergrund« haben: eine verschwindend geringe Zahl gemessen am heraufbeschworenen Gefahrenpotenzial.

Auch in Bezug auf andere Länder und Regionen, die der Westen im Visier hat, wird das »Feindbild Islam« aktiviert. Dabei hat folgendes Muster regelrecht Schule gemacht: Zwecks Destabilisierung eines Landes werden direkt oder indirekt bewaffnete Banden unterstützt, die sich auf den Islam berufen. Läuft die Sache dann, ob gewollt oder nicht, aus dem Ruder, so wird der Ruf nach einer humanitär begründeten und militärisch durchzusetzenden Schutzverantwortung (»Responsibility to protect«) für eine terrorisierte Bevölkerung laut. Beispiele dafür sind u. a. Libyen und Syrien. Auch in Mali wurde ein Militäreinsatz mit dem Ziel begründet, den Islamismus einzudämmen. In diesem Kontext ist auch die Aufrüstung der so genannten Freien Syrischen Armee und des Islamischen Staats mithilfe der Türkei und verbündeter Golfdiktaturen sowie das spätere Vorgehen gegen den IS einzuordnen.

Unterdessen wurde dem Iran vielfach unterstellt, eine existenzielle Bedrohung für Israel darzustellen. Dabei wurde der Antisemitismusvorwurf samt seinem antimuslimischen Subtext recht offenkundig für hegemonialpolitische Zwecke missbraucht. Zu Diffamierungszwecken machte man auch vor falschen Behauptungen nicht halt. Die *Süddeutsche Zeitung* merkte dazu im Mai 2010 an: »Kein Satz wird so häufig mit dem amtierenden Präsidenten Irans, Mahmud Ahmadinedschad, assoziiert wie dieser: Israel muss von der Landkarte radiert werden. Das Problem ist nur – er hat diesen Satz nie gesagt.«[68] Die Bundeszentrale für politische Bildung sah sich gezwungen, ihn als falsche Wiedergabe einer Äußerung von Irans Präsidenten zu korrigieren – nachdem er ausreichend ins öffentliche Bewusstsein gedrungen war.[69]

---

68 Katajun Amirpur: Der iranische Schlüsselsatz, 11.05.2010, www.sueddeutsche.de, 10.12.2014. – Der Satz wird teilweise auch mit »… von der Landkarte tilgen« wiedergegeben.

69 Anneliese Fikentscher / Andreas Neumann: »Von der Landkarte tilgen«. In: junge Welt, 19.06.2008.

4.
Antimuslimischer Rassismus
und neoliberale »Reformen«

>»Die türkische Gruppe und die Araber
>… wollen … ihren Stiefel leben.«
>*(Thilo Sarrazin, Lettre International 2009)*

2010 erschien Thilo Sarrazins Buch *Deutschland schafft sich ab*. Bereits 2009, noch als Vorstandsmitglied der Deutschen Bundesbank, äußerte sich der ehemalige Berliner Finanzsenator in einem Interview mit der Zeitschrift *Lettre International* offen rassistisch: »Ich muss niemanden anerkennen, der vom Staat lebt, diesen Staat ablehnt, für die Ausbildung seiner Kinder nicht vernünftig sorgt und ständig neue kleine Kopftuchmädchen produziert. Das gilt für 70 Prozent der türkischen und 90 Prozent der arabischen Bevölkerung in Berlin.«[70] Und: »Die Türken erobern Deutschland genauso, wie die Kosovaren das Kosovo erobert haben: durch eine höhere Geburtenrate.«[71] Von den Medien wurde Sarrazin, der bis April 2009 für die SPD als Berliner Finanzsenator im Amt war, als »Tabubrecher« und »Klartext-Politiker« inszeniert. Die *Bild*-Zeitung startete eine Serie, in der seine Thesen präsentiert und damit salonfähig gemacht wurden. Nur eine der abgedruckten Aussagen: »Ich möchte, dass auch meine Urenkel in 100

---

70   Sarrazin muss sich entschuldigen. In: Zeit online, 1.10.2009 (11.12.2014)

71   Anne Saith: Bundesbank – Sarrazins türkenfeindliche Tiraden lösen Entsetzen aus. In: Spiegel Online, 1.10.2009 (11.12.2014).

Jahren noch in Deutschland leben können, wenn sie dies wollen. Ich möchte nicht, dass das Land meiner Enkel und Urenkel zu großen Teilen muslimisch ist, dass dort über weite Strecken türkisch und arabisch gesprochen wird, die Frauen ein Kopftuch tragen und der Tagesrhythmus vom Ruf der Muezzine bestimmt wird. Wenn ich das erleben will, kann ich eine Urlaubsreise ins Morgenland buchen.«[72] Auch *Der Spiegel* offerierte Auszüge aus dem Buch *Deutschland schafft sich ab*, das sich bis Januar 2012 rund 1,5 Millionen Mal verkaufte.

Nachdem sich die Bundesbank aus Imagegründen von Sarrazin getrennt hatte, pflichtete ihm sein Parteikollege und ehemalige Erster Bürgermeister von Hamburg, Klaus von Dohnanyi, in einem Gastbeitrag für die *Süddeutsche Zeitung* bei: »Nur in Deutschland macht man sich unmöglich, wenn man das Offensichtliche benennt. Reflexhaft ächtet die liberale Öffentlichkeit Sarrazin, obwohl die Gesellschaft eine faire Auseinandersetzung mit seinen Thesen bräuchte. ... Die Bundesbank argumentiert, Sarrazin gefährde ihr Image. Dies ist unpräzise: Nicht Sarrazin, sondern der Tenor des veröffentlichten Urteils über Sarrazin verursacht diese Gefahr. Die Bundesbank hätte das Ausland nicht mehr vom Gegenteil überzeugen können. Das Urteil ›Rassist‹, ›Muslim-Feind‹ oder ›Migrationsgegner‹ klebte schon zu fest.«[73] Auch inhaltlich warb Dohnanyi um Verständnis für die elitären und (sozial-) rassistischen Thesen: »Sarrazins Grundthese ist einfach. Er ist der Auffassung – und begründet das sehr ausführlich –, dass Deutschland Gefahr läuft, seine geistigen Eliten einzuschmelzen, weil diese selbst zu wenige Kinder bekommen, während Gruppen, die sich bisher nicht durch Arbeit und Leistung hervorgetan haben (manche Deutsche oder Teile von Migranten), mehr Kinder bekommen und so das Leistungsniveau der Nation langfristig absenken könnten.« (ebd.)

Auch aus anderen Parteien erntete Sarrazin Zustimmung. Noch als Bundesinnenminister äußerte Hans-Peter Friedrich (CSU), »Probleme

---

72   Thilo Sarrazin: Will ich den Muezzin hören, dann reise ich ins Morgenland, www.bild.de, 24.8.2010 (11.12.2014)

73   Klaus von Dohnanyi: Feigheit vor dem Wort. In: Süddeutsche Zeitung, 4.5.2011, www.sueddeutsche.de (11.12.2014)

müssen benannt werden. Deswegen hilft es nichts, wenn man irgend-
welchen Multikulti-Träumereien nachhängt ... Sarrazin spricht vielen
Bürgern aus dem Herzen. Nach dem Motto: Endlich sagt jemand mal
öffentlich, was viele denken.«[74] Kanzlerin Angela Merkel distanzierte
sich zwar vordergründig von Sarrazins Buch, forderte aber zugleich
eine »Debatte ohne Tabus« ein.[75] So müsse man über »Defizite in der
Integrationspolitik« ebenso reden wie über die »erhöhte Gewaltbe-
reitschaft strenggläubiger muslimischer Jugendlicher«. (ebd.) Unterdessen erklärte der damalige NPD-Bundesvorsitzende, Udo Voigt:
»Herr Sarrazin hat klar zum Ausdruck gebracht, dass er nicht Frem-
der im eigenen Land werden will und hat damit die Politik der NPD
seit vierzig Jahren bestätigt, und ich freue mich, dass er sich traut, das
auszusprechen, was Millionen Deutsche denken. Und es würde mich
noch mehr freuen, wenn er als Berater dem NPD-Parteivorstand zur
Verfügung stünde oder gar als Ausländerrückführungs-Beauftragter
der NPD fungieren könnte.«[76]

Nun, warum diese Debatte zu dieser Zeit? Und wem nutzte sie? In
seinem *Anti-Sarrazin,* einer Streitschrift »gegen Rassismus, Islamfeindlichkeit und Sozialdarwinismus«, formuliert Sascha Stanicic spitz:
»Sarrazin vertritt die Interessen seiner Klasse – des Bürgertums. Das
sind die Leute, die große Mengen von Aktien besitzen, eigene Firmen
haben und zu denen auch hochbezahlte Manager und Spitzenpoliti-
ker gehören. Sein Buch ist im Interesse dieser Leute geschrieben, auch
wenn sich einige seiner Klassenbrüder und -schwestern echauffieren.
Auch der Zeitpunkt der Veröffentlichung ist kein Zufall: die Sarrazin-
Debatte fällt in die Zeit des Sparpakets, der Neuregelung der Hartz-
IV-Regelsätze, der Gesundheitsreform.« (Stanicic 2010, S. 22) Zwei
Monate nach Erscheinen von *Deutschland schafft sich ab* beschloss die
schwarz-gelbe Koalition – anknüpfend an die vorangegangene Politik

---

74   Hans-Peter Friedrich. In: Die Welt, 8.6.2012, www.welt.de (11.12.2014)

75   Merkel fordert eine Debatte ohne Tabus. In: Rheinische Post, 4.9.2010,
      www.rp-online.de (11.12.2014)

76   Zit. nach: Sarrazins Thesen: Rechtsextreme feiern den SPD-Mann als neue
      Ikone, ARD-Sendung *Report Mainz,* 30.8.2010, www.swr.de (11.12.2014)

von Rot-Grün und der Großen Koalition – drastische soziale Kürzungen. Von dem »Sparpaket« waren und sind Millionen Menschen in Deutschland betroffen, zugleich wurden Vermögende geschont bzw. entlastet.

Flankiert wurde die neoliberale Politik im eigenen Land damit, dass über die Troika aus europäischer Zentralbank, EU-Kommission und IWF auf Länder der europäischen Peripherie massiver Druck ausgeübt wurde – mit der Folge sozialer Verelendung. »Um in Deutschland öffentliche Zustimmung zu bekommen«, so der Volkswirtschaftler Herbert Schui (2013, S. 59), »wird die Krise in den Ländern der Peripherie erklärt mit Faulheit und Verschwendungssucht, mit einem ungezügelten Wohlfahrtsstaat. Die Sozialsysteme dort seien im Verhältnis zu Deutschland zu üppig, es könne nicht Aufgabe der Deutschen sein, das zu finanzieren. Also deutsche Überwertigkeitsgefühle.«

Insofern wird im eigenen Land versucht, den Unmut über den Abbau sozialer Rechte auf zweierlei Art zu kanalisieren: Zum einen werden Stereotype gegenüber »dem Südeuropäer« abgerufen, der, so das vereinfachte Bild, in den krisengeschüttelten Ländern »uns« auf der Tasche läge – ungeachtet der realen Dominanz Deutschlands in Europa. Zum anderen wird auch aus der bürgerlichen Mitte Rassismus vor allem gegen Menschen arabischer und türkischer Herkunft geschürt. Und dem Bodensatz der Gesellschaft, gleich welcher Herkunft, konnte mit dem damaligen Berliner Finanzsenator Sarrazin bereits 2008 auf den Weg gegeben werden: »Wenn die Energiekosten so hoch sind wie die Mieten, werden sich die Menschen überlegen, ob sie mit einem dicken Pullover nicht auch bei 15 oder 16 Grad Zimmertemperatur vernünftig leben können.«[77] Solcherlei Vorstöße sollen davon abhalten, sich mit den in Gang gesetzten »strukturellen Reformen« des Neoliberalismus und den dafür Verantwortlichen auseinanderzusetzen. Denn »Politik bringt nicht selten das Spektakel hervor, das von dem ablenken soll, was wirklich wichtig ist« (Hall 2014, S. 214). Was mit Thilo Sarrazins Buch geschafft wurde, ist auf ideologischer Ebene

---

77 Warme Tipps vom Finanzsenator: Sarrazin empfiehlt dicken Pulli gegen hohe Heizkosten, www.spiegel.de, 29.7.2008 (11.12.2014)

beachtlich: Soziale Konflikte und Widersprüche neoliberaler Krisen-
ideologie konnten zu Konflikten zwischen Religionen, Kulturen und
nicht zuletzt zu »Sicherheitsproblemen« gemacht werden. Die Schuld
an der sozialen Exklusion der Deklassierten wird durch kulturalistische Verwertungslogiken erklärt. Die unterstellte Unbrauchbarkeit im
Sinne der »Nutzlosigkeit« von »Türken und Arabern« aufgrund ihrer
vermeintlich rückständigen und primitiven Lebensweise hat eine dop-
pelte Funktion: Zum einen werden sie für die neoliberale Krisenpolitik
haftbar gemacht, weil sie angeblich das deutsche Sozialsystem ausnutzen würden; zum anderen kann anhand rassistischer Trennlinien für
Spaltungen unter denjenigen gesorgt werden, die sich warm anzuzie-
hen haben, womit sich auch Widerstandsmomenten vorbeugen lässt.
Verteilungs-, Leistungs- und Konkurrenzkämpfe verlaufen demzufolge
auch entlang rassistischer und nationalistischer Grenzziehung. Sarrazin
und andere prominente Vertreter ähnlicher Provenienz transportieren
diese Inhalte in breite gesellschaftliche Bereiche. Sie dienen damit als
Multiplikatoren, verfestigen auf diese Weise antimuslimische Ressentiments sowie den Rassismus gegenüber muslimisierten Menschen und
rechtfertigten gleichzeitig neoliberale Sparmaßnahmen, für die die
unerwünschten und »unbrauchbaren« Teile der Gesellschaft mitver-
antwortlich gemacht werden. Dies mündet in ein oft zitiertes Credo,
das Hans-Peter Friedrich (CSU) 2011 als Bundesinnenminister wieder
aufnahm: »Wir brauchen die, die uns nutzen und nicht die, die uns
ausnutzen.«[78]

Rassismus und Klassendünkel als neoliberale Stützen

Die Organisierung der politischen Herrschaft wird insbesondere in
Zeiten der tiefer gehenden Krisen schwieriger zu legitimieren. In deren Zuge ergriffen Staaten Stabilisierungsmaßnahmen zugunsten des

---

78   Zit. nach: Dieter Wonka: Bundesinnenminister Friedrich warnt vor zu
     starkem Facharbeiter-Zuzug. In: Leipziger Volkszeitung online, 15.05.2011
     (11.12.2014)

Kapitals (»Bankenrettung«), während materielle Konzessionen an die Bevölkerung ausblieben (Stützle, S. 344). Die Politik einschneidender sozialer Kürzungen ist Ausdruck der insbesondere von der Bundesrepublik forcierten Austeritätspolitik, mit der man nach Ausbruch der Euro-Krise erklärtermaßen den »Haushalt ausgleichen«[79] wollte. Die autoritäre Krisenregulierung bedeutete einen gravierenden Eingriff in das Leben derjenigen, die nicht gerade als Krisengewinner anzusehen sind. Die Folgen waren und sind vielseitig wahrnehmbar, für Migranten noch in verschärfter Weise: sie sind nicht nur von Arbeitslosigkeit, sondern auch von Abschiebung betroffen.

Auf europäischer Ebene ging der Prozess der »Krisenbewältigung« mit einem starken Rechtsruck bzw. mit der Zunahme rechter Bewegungen einher. Die Organisierung der Pogrome gegen Flüchtlinge und Migranten in Griechenland ist einer der perfidesten Ausdrücke, welche die Verschärfung sozialer Widersprüche nach sich zog. Neben vergleichbaren Übergriffen in anderen Ländern ist das Abschneiden von rechtsextremen und rechtspopulistischen, teilweise offen islamfeindlich agierenden Parteien ein weiterer Gradmesser. Beachtliche Erfolge erzielten bei EU-Wahlen von 2014 beispielsweise: Die Alternative für Deutschland (7,0 %), die Dänische Volkspartei (26,6 %), die Wahren Finnen (12,9 %), der französische Front National (24,9 %), die neonazistische Chrysi Avgi (aus Griechenland, auch »Goldene Morgenröte«, 9,4 %), die britische UKIP (27,5 %), die italienische Lega Nord (6,15 %), die lettische Nationale Allianz (14,0 %), die litauische Partei für Ordnung und Gerechtigkeit (14,3 %), die niederländische Partei für die Die Freiheit« (13,2 %), die Freiheitliche Partei Österreichs (19,5 %), der polnische Kongress der Neuen Rechten (7,1 %), die Schwedendemokraten (9,7 %), die ungarische Jobbik (14,7 %) sowie die ungarische Regierungspartei Fidesz (51,5 %).

In Deutschland schafften es rechtspopulistische und neonazistische Gruppen, über ihre engere Anhängerschaft hinaus zu Aufmärschen

---

79   Ingo Stützle sieht in dem Leitbild des ausgeglichenen Staatshaushalts keine
      ökonomische Notwendigkeit, sondern vielmehr ein politisches Projekt, mit
      dessen Hilfe Deutschland im Zuge der Einführung der Gemeinschaftswährung seine Stabilitätskultur europäisierte (Stützle, S. 298).

gegen Flüchtlinge zu mobilisieren, so 2013 in Berlin-Hellersdorf oder im sächsischen Schneeberg, wo NPD-Kreise über 2.000 Menschen auf die Straße brachten. Die Ethnisierung und Kulturalisierung neoliberaler Widersprüche zeigte sich 2014/15 vor allem bei den antimuslimischen PEGIDA-Aufmärschen, bei denen in Dresden und anderen Städten mehrere Zehntausend Menschen gegen die »Islamisierung des Abendlandes« und für eine weitere Verschärfung der Asylpolitik demonstrierten.

Der Politikwissenschaftler Christoph Butterwegge (2011, S. 200 f) beschreibt die von rechtspopulistischen Akteuren mit forcierte Umstrukturierung als einen Prozess der Ökonomisierung, Kulturalisierung, Ethnisierung und Biologisierung der sozialen Frage. Konkret bedeutet dies eine Orientierung und Anpassung ganzer Lebensbereiche an den neoliberalen Zeitgeist und an die EU-weit durchgesetzten finanzpolitischen Rezepte der Austeritätsregime. Konkurrenzdenken, Gewinnstreben und betriebswirtschaftliche Effizienz bedingen die Ökonomisierung des Sozialen, während Religion, Tradition und weitere essentialisierende Kategorien zu dessen Kulturalisierung führen. In Bezug auf die Politik der Standortsicherung – auch: »Standortnationalismus« – und die damit verbundene ökonomische Konkurrenz entpuppt sich die Markierungskategorie »Herkunft« als besonders nützlich: die Konstruktion »des Eigenen«, die Stigmatisierung »der Anderen« und das hierarchisierende Verhältnis zwischen den beiden »Seiten« ethnisieren soziale Lebensbereiche. Biologisch festgemachte Übereinstimmungen von Kategorien wie Gene, IQ oder Blutszugehörigkeit, mit Hilfe derer gesellschaftlicher Wandel gedeutet und prognostiziert wird, werden nicht nur von der extremen Rechten herangezogen: Von der Heraufbeschwörung apokalytischer Katastrophenszenarien wie dem über das »Aussterben des deutschen Volkes« bis hin zu dem Alarmruf »Deutschland schafft sich ab«, der – mit demografischer Demagogie angereichert – eine Klammer zwischen rechtspopulistischen Positionen und einflussreichen Teilen der bürgerlicher Mitte bildete, ist es nicht weit. Diese Debatten wirken biologisierend in die sozialen Bereiche hinein und beeinträchtigen Lebensumstände der Betroffenen.

Antimuslimischer Rassismus hat insbesondere im Licht der neoliberalen Leitkultur nicht nur individuelle und gruppenbezogene
Auswirkungen auf die Lebensrealitäten der Adressaten.[80] Unter den
sozial Benachteiligten und Deklassierten führt er zu einer rivalisieren-
den Ellbogenmentalität: Mit dem sozialen Gefüge insgesamt werden
auch soziale Spaltungen samt wirtschaftlicher Exklusion kulturalisiert,
ethnisiert, biologisiert und ökonomisiert. Und je mehr gesellschaftliche Hegemonieansprüche der Betuchteren im Zeichen sozialer Ver-
werfungen in Frage gestellt werden, desto mehr wird auf diesem Weg
versucht, die krisenhafte neoliberale Ideologie aufrechtzuerhalten.
Thilo Sarrazin brachte die Vermengung von sozialdarwinistischen
und rassistischen Versatzstücken auf die Formel »Klasse statt Masse«
(*Lettre International* 2009, S. 197). Mit doppelter Wirkung werden soziale Konflikte zu Auseinandersetzungen zwischen Religionen, Kulturen, (vermeintlich) unterschiedlichen Herkünften und somit zu
vermeintlichen »Sicherheitsproblemen« gemacht: Einerseits geht es
um die soziale Angst, die Angst vor Verlust der Partizipation in der
Arbeits- und Konsumgesellschaft; andererseits schlägt dieses Angstge-
fühl in ein Leistungsdenken zu Lasten von jeweils noch weiter »unten«
Stehenden bzw. als »nicht Dazugehörende« um.

Karl-Heinz Lewed (2009) weist auf die »Polarität neoliberaler
Ideologie« bezüglich der »ökonomischen Selbstverantwortung« hin,
deren Ausprägung sich in einer »Selbstidealisierung der Mittelschich-
ten als Leistungsgesellschaft« niederschlägt: »Die Berufs- und Kon-
sumchancen der einen sind das Verarmungs- und Existenzrisiko der
anderen«, zusammengehalten durch die so genannte Freiheits- und
Selbstverantwortungsideologie. Der Ausschluss aus dem Arbeitsmarkt
hat nicht nur einen ökonomischen Nachteil für die Desintegrierten,
sondern hängt auch stark mit der »individuellen Entsorgung« dieser
aus dem »Leistungskollektiv« zusammen (ebd.).

---

80   Dazu steht nicht im Widerspruch, dass neoliberale Maßnahmen und westli-
     che Werte auch von Politikern mit arabischem oder türkischem Hintergrund
     mit durchgesetzt werden. Dazu zählen etwa der hessische Wirtschaftsminis-
     ter Tarek Al-Wazir (Die Grünen) oder der transatlantisch bestens vernetzte
     Bundesvorsitzende der Grünen, Cem Özdemir.

Noch einmal Sarrazin mit der (sozial-)rassistischen Lesart (ebd., S. 199): »In Berlin gibt es stärker als anderswo das Problem einer am normalen Wirtschaftskreislauf nicht teilnehmenden Unterschicht. ... Eine große Zahl an Arabern und Türken in dieser Stadt, ... hat keine produktive Funktion, außer für den Obst- und Gemüsehandel ... Das gilt auch für einen Teil der deutschen Unterschicht. ... Absolut auffallend sind die türkische Gruppe und die Araber. ... Große Teile sind weder integrationswillig noch integrationsfähig. ... Viele von ihnen wollen keine Integration, sondern ihren Stiefel leben. Zudem pflegen sie eine Mentalität, die als gesamtstaatliche Mentalität aggressiv und atavistisch ist.« An dieser Stelle wird die zum Teil von ihm selbst als ehemaligem Berliner Finanzsenator verfehlte Politik entlastet. Denn deren neoliberale Ausrichtung hatte verstärkt soziale Exklusion zur Folge, wofür im Nachhinein wiederum die angeführte kulturalistische Zuordnung herhalten muss: Im Sinne der Verwertungslogik wird Nichtdeutschen Nutzlosigkeit unterstellt. Bei dem unverhohlenen Elitedünkel geht es also letztlich um die Frage der Zugehörigkeit zur richtigen Kultur, Nation, Religion und Klasse und damit letztlich auch um Fragen materieller Existenz. Verteilungs-, Leistungs- und Konkurrenzkämpfe verlaufen demzufolge auch nach rassistischen und nationalistischen Trennlinien.

Wie sehr sich diese Form von Rassismus aus einer Klassenposition speist, zeigte übrigens Sarrazins Zusammenarbeit mit »leistungswilligen« Migrantinnen und Migranten wie Necla Kelek, die ihn auf seiner Buchtour begleitete.

In diesem Zusammenhang dienen auch andere, nicht gerade urdeutsche Namen als Feigenblätter: So legte Hamad Abdel-Samad 2014 das Buch *Der islamische Faschismus* vor, das auch »einen Lobgesang auf Thilo Sarrazin« (Ruf 2014, S. 100) enthält. Das Buch des deutsch-ägyptischen Politologen, der 2010 zusammen mit Henryk M. Broder die ARD-Serie *Entweder Broder – Die Deutschland-Safari* verantwortete, wurde in den Massenmedien breit rezipiert. Laut Werner Ruf geht es Abdel-Samad darum, »in geschichtsklitternder und hetzerischer Weise ... alles in einen Sack zu stopfen: Nicht nur die (sunnitischen) Djihadisten sind Faschisten, sondern genauso die Schiiten

wegen des iranischen Atomprogramms.« (ebd., 101) Und der Islam-
wissenschaftler Michael Lüders urteilt zu Abdel-Samad: »Wo Islam
draufsteht, ist Terror drin, mindestens aber Mittelalter und Kopftuch«
(zit. nach: ebd.).

Auch der deutsch-türkische Schriftsteller Akif Pirinçci, der sich
mit politischen Kommentaren u. a. im *Focus*, der rechtslibertären Zeitschrift *eigentümlich frei* und dem von Henryk M. Broder mitbetriebe-
nen Weblog *die Achse des Guten* hervortat, taugt als Kronzeuge für antimuslimische Positionen. Als Redner auf einem PEGIDA-Aufmarsch
in Bonn (BOGIDA) verkündete er im Dezember 2014: »Ihr seid
Deutsche, keine feigen Ratten. Es lebe das heilige Deutschland!«[81]

Finanzstabilität und Rechtspopulismus

Rechtspopulismus ist kein neues, krisenspezifisches Phänomen, sondern muss als Entwicklung und Wandlung in der »Modernisierung«
des Neofaschismus in Deutschland und europaweit betrachtet werden. Der Weg dafür wurde bereits mit dem Aufkommen der Neuen
Rechten geebnet, die Seriosität und Intellektualität anstrebt, auch auf
die bürgerliche Mitte abzielt und eine ideologische Vereinheitlichung
der extremen Rechten in Europa vorantreibt.[82] Traditionelle Ideologien wie ein biologistisch begründeter Rassismus oder Antisemitismus werden durch kulturalistische, religiös begründete und rassistisch
verklausulierte Ressentiments ersetzt (Häusler, S. 158), insbesondere
seitdem Schlagwörter wie »Islam« und »islamischer Terrorismus« öffentliche Debatten emotional prägen. Dadurch gelang es rechtspopulistischen Parteien, europaweit Auftrieb zu bekommen und in ihrem
Sinne politische Akzente zu setzen.[83] Ängste vor Identitätsverlust – ge-

---

81   Zit. nach: Kölner Stadtanzeiger, 16.12.2014, S. 6.

82   Mehr zur Entwicklung der »Neuen Rechten« vgl. Jens Mecklenburg (1996)

83   Grundsätzlich bekamen in den letzten dreißig Jahren rechtspopulistische
      Tendenzen in Europa – je nach gesellschaftlicher Konjunktur – viel Zu-
      spruch: Ihr Einfluss reichte von Regierungsduldung über Regierungsbe-
      teiligung bis hin zu Regierungsdominanz. In Deutschland zogen immer

schürt u. a. über einen abwertend verwendeten Begriff von »Multikulti-gesellschaften« – und sozialer Exklusion können gerade von rechts-populistischen Bewegungen und Parteien bestens instrumentalisiert werden, und zwar im unmittelbaren Anschluss an Warnungen vor »Überfremdung«, wie sie etwa aus dem CSU-Lager zu hören sind[84]. Nach Stuart Hall (2014, S. 104) hat die Reformierung und Modernisie-rung des autoritären Populismus eine aktive politische Kraft hervor-gebracht, welche die gegenwärtige Krise »nicht als einen zu verteidi-genden passiven Status quo, sondern als ein strategisches politisches Kräfteverhältnis« betrachtet. Dementsprechend versteht die politische Rechte »Demokratie« als einen Ort, »den sie besetzen muss, als Ein-satz, den sie ergreifen muss«. Nicht umsonst richtet sich die Kritik von Rechtspopulisten dem Wort nach »gegen die da oben«, auch wenn die Adressierten selbst auf einen »starken Staat« setzen, um im Rahmen der Krise zwecks Disziplinierung der sozialen und politischen Kämpfe auf autoritäre Zwänge und repressive Maßnahmen zurückzugreifen. Tatsächlich verträgt sich der zunehmend »autoritäre Etatismus«[85] gut mit dem neoliberalen Credo von der »marktkonformen Demokra-tie« – ein Begriff, der auf eine Aussage von Kanzlerin Angela Merkel zurückgeht, wonach Möglichkeiten gesucht werden sollten, »wie die

---

mal wieder rechte Parteien in Landes- und Kommunalparlamente ein, so die NPD in Sachsen oder die Schill-Partei in Hamburg. Die selbst-ernannte Bürgerbewegung Pro NRW schaffte bei den Kommunalwah-len von 2009 v. a. mit dem Thema »Anti-Islam« (Schönefelder, S. 96 ff) den Sprung in mehrere Kreistage bzw. Parlamente und erreichte in Köln (5,4 %), Gelsenkirchen (4,3 %) und Leverkusen (4,0 %) Fraktionsstärke. Das zuletzt erfolgreichste Projekt war, wie gezeigt, die Alternative für Deutschland (AfD).

84   Vgl. u. a. Evangelischer Pressedienst: CSU-Politiker Uhl sieht Angst vor »Überfremdung« auch in Deutschland, 3.12.2009, www.europenews.dk (16.12.2014)

85   Nico Poulantzas (1978, S. 185 f) versteht unter »autoritärem Etatismus« das gesteigerte Eingreifen des Staates in sämtliche Bereiche des sozio-ökonomi-schen Lebens, das mit dem einschneidenden Verfall der Institutionen der politischen Demokratie sowie drakonischen und vielfältigen Einschränkun-gen der »formalen« Freiheiten einhergeht, die man erst wirklich schätzen lerne, wenn sie einem genommen werden.

parlamentarische Mitbestimmung so gestaltet wird, dass sie trotzdem auch marktkonform ist«[86].

Vor dem Hintergrund einer autoritären Regulierung der Krise, die sich von einer »ökonomischen Krise zu einer Krise der bürgerlich-parlamentarischen Demokratie« (Stützle, S. 344) ausweitete, werden Demokratiedefizite in Zeiten staatlicher Stabilisierung der Finanzmärkte durch organisierte ideologische Kräfte wie rechtspopulistische Parteien aufgegriffen. Indem sie dieses Terrain besetzen, können sie breite Gesellschaftskreise ansprechen, aktivieren und organisieren. Zumal Forderungen nach mehr Bürgerbeteiligung und direkter Demokratie (Direktwahl von Politikern) oft vordergründig einleuchtend klingen. Deren Zweck besteht indes in der Zurückdrängung von Interessenvertretungen wie Gewerkschaften und Parteien, sie entpuppten sich bei näherem Hinsehen »als scheindemokratische Demagogie, um die bestehende Elitenherrschaft plebiszitär zu legitimieren und den Widerstand gegen die ungehemmte Entfaltung der Marktkräfte zu lähmen«, wie der Kultursoziologe Thomas Wagner aufzeigt, der in dem Buch *Demokratie als Mogelpackung* warnt: »Es hätte schon einen äußerst bitteren ironischen Beigeschmack, wenn sich ausgerechnet das ursprünglich emanzipatorisch gedachte Engagement für mehr direkte Demokratie als Einfallstor für jene Kräfte erweisen sollte, denen der Sinn danach steht, die heute schon schwer beschädigte Demokratie im Interesse des Kapitals vollständig aus den Angeln zu heben.« (Wagner 2011, S. 135)

Während seit Jahren, vor allem zunehmend im Verlauf der Krise, die Schweizer Volkspartei Referenden gegen Zuwanderung initiierte, die ungarische neofaschistische Jobbik massive Hetze gegen Roma betreibt, die Freiheitliche Partei Österreichs unter Rückgriff auf traditionelle Ängste vor der »Belagerung Wiens von den Türken« Rassismus schürt, der belgische Vlaams Belang sowie neoliberalistische und rechtspopulistische Parteien Skandinaviens aus Ängsten und

---

86   Zit. nach der Jury, die den Begriff »marktkonforme Demokratie« 2011 zusammen mit »Döner-Morde« und »Gutmensch« zum Unwort des Jahres kürte. Demnach steht die »Wortverbindung ... für eine bedenkliche Entwicklung der politischen Kultur« (www.unwortdesjahres.net, 17.12.2014).

Unsicherheiten Kapital schlagen konnten, erhielt die »Alternative für Deutschland« 2013 ff. ungeahnten Auftrieb. Mit ihren Erfolgen bei Europa-, Bundestags- und Landtagswahlen schicken sie sich an, Teil der politischen Kultur zu werden. Im Zuge der PEGIDA-Aufmärsche setzte sich die Partei Ende 2014 politisch in Szene, Talkshow-Formate wie *Hart aber fair* oder *Günther Jauch* boten dem AfD-Vorsitzenden Bernd Lucke eine Bühne. Im Januar 2015 wurde auch der PEGIDA-Sprecherin Kathrin Oertel ein Forum bei Jauch geboten.

Mit den dabei präsentierten einfachen, reduktionistischen und populistischen Antworten auf die ökonomische und politische Zuspitzung der Krise erfuhr die aus den neunziger Jahren bekannte Asyl- und Standortdebatte eine Wiederbelebung: der völkische Nationalismus ist meist fester Bestandteil der Kapitalismusanalyse rechter Ideologien. Die allgegenwärtige Konkurrenz prägt die kapitalistische Verwertungslogik, und dabei wird die Krise des Sozialen, »die im Namen des Neoliberalismus betriebene Demontage des Sozialstaats« (Butterwegge, S. 212), vor allem auf Migranten, insbesondere solchen türkischer und arabischer Herkunft, abgewälzt. Wenn die Angst vor dem sozialen Abstieg, insbesondere während Wirtschaftskrisen sowie politischen und sozialen Umbrüchen, bis in die Mitte der Gesellschaft hineinwächst, stoßen rechtspopulistische Lösungsansätze oftmals auf Resonanz, so irrational und menschenverachtend sie auch sein mögen. In Bezug auf Antimuslimischen Rassismus spielt die »Theorie der drei Krisendimensionen« (Schönefelder, S. 103) eine wesentliche Rolle:

1) Die *Verteilungs- und Zugangskrise* ist ein zentraler Legitimationsaspekt rechter und rechtspopulistischer Parteien und ihrer Ideologien bis in die Mitte der Gesellschaft hinein, weil sie sozioökonomische Verteilungskonflikte zu soziokulturellen machen und somit den Diskurs um Verteilung nationalistisch bestimmen.

2) Die *Repräsentationskrise* der Politik, ausgedrückt durch Defizite der demokratischen Repräsentation, wird aufgegriffen. Mithilfe der Instrumentalisierung direktdemokratischer Mittel wie Volksentscheide wird rassistisches Denken im Namen der Demokratie ausgetragen. So wird in der Schweiz versucht, »Migrationsdebatten« über Volksent-

scheide auszutragen (vgl. die Referenden für ein Minarett-Verbot und für die Begrenzung von Zuwanderung von 2009 bzw. 2014).

3) Die *Identitätskrise* funktioniert über die Sündenbockideologie, die identitätspolitisch definiert, wer zu »uns« gehört und wer nicht. Muslime werden als Sündenböcke für gesellschaftliche Unsicherheiten und sozioökonomische Problemlagen dargestellt und sind mit einem »Kampf der Kulturen« konfrontiert.

Christoph Butterwegge (S. 208 ff) sieht den immer stärker aufkommenden Rechtspopulismus als »ideologisches Ablenkungsmanöver der Herrschenden und als Gefahr für die Demokratie«. Die Debatte um den »Standortnationalismus«, die eine Klammer zwischen bürgerlicher Mitte und dem rechten Rand bildet, trägt zu einem gesellschaftlichen Klima der »ethnischen« Aus- und Abgrenzung bei, begleitet von einem »Sicherheitsdiskurs, der Disziplin, Autorität und die Notwendigkeit sozialer Kontrolle betont« (ebd.). Stuart Hall (2014, S. 109 f) beschreibt dies als eine »Law and Order«-Politik, in der »die materiellen Ursachen der popularen Unzufriedenheit und die Repräsentation durch spezifische ideologische Kräfte und Kampagnen wie das allgemeine Bedürfnis nach einer ›disziplinierten Gesellschaft‹« zum Ausdruck kommen. Durch Themen der Inneren Sicherheit wie (Gewalt-)Verbrechen und steigende Kriminalität, welche mit Ängsten und Unsicherheiten der Menschen korrelieren, wird ein »Ruf nach Disziplin« gefordert, der die »Wiederherstellung der moralischen Prinzipien« ordnen soll (Hall 2014, S. 109). Reale Erlebnisse und Erfahrungen werden unter dem Aspekt ökonomischer Krisen aufgegriffen und von rechtspopulistischen Kräften propagandistisch »als Joker eingesetzt«.

Verglichen mit Entwicklungen in anderen europäischen Ländern war in der Bundesrepublik lange Zeit eine recht schleppende Entwicklung rechtspopulistischer Parteiformierung zu verzeichnen, was kein Indiz für eine fehlende Formierung antimuslimischer und neoliberalistischer Ideologien darstellt. Abgesehen von der Alternative für Deutschland entstanden in den vergangenen Jahren neben der Pro-Bewegung, der Partei »Die Freiheit« (gegründet von dem ehemaligen CDU-Mitglied René Stadtkewitz) und Freien Wählergemeinschaften

auch einschlägige Vereine und mediale Formate wie »Politically In-
correct« (PI)[87], die starke antimuslimische Ressentiments mit offen
rassistischer Kulturkampfrhetorik verbreiten (vgl. auch Alexander
Häusler, S. 168 ff). Teilweise distanzieren sie sich aus taktischen Gründen formal von der extremen Rechten; zugleich mobilisieren sie ein
Spektrum, das einst die in die Bedeutungslosigkeit geratene Partei der
Republikaner (REP) abdeckte, an die Wahlurnen und auf die Straße:
Sie inszenieren kampagnenorientierte muslimfeindliche, offen rassistische Aktionen wie beispielsweise Proteste gegen Moscheebauten oder
rufen als »Patriotische Europäer gegen die Islamisierung des Abendlandes« zu größeren Aufmärschen auf.

Gegen die Islamisierung des Abendlandes:
Die PEGIDA-Bewegung

Die PEGIDA-Bewegung wurde nicht aus der Wundertüte gezaubert.
Ohne den Kontext der bundesdeutschen Asyl- und Migrationspolitik
seit den 1990er Jahren können Entstehung, Zuwachs und Entwicklung der »Patriotischen Europäer gegen die Islamisierung des Abendlandes« kaum verstanden werden.

---

87   Im Zusammenhang mit PEGIDA merkt Knut Mellenthin zu der Plattform
     an: »Kollektiver Propagandist und Kommunikator der ausländerfeindli-
     chen Aufmärsche ist die mit mehreren zehntausend Zugriffen pro Tag be-
     liebteste rechtsextreme Website PI (Politically Incorrect). Muslime werden
     dort im klassischen Nazijargon als ›Ungeziefer‹, ›Parasiten‹, ›Bazillen‹ und
     ›Unkraut‹ verunglimpft. Daneben pflegt PI eine außerordentliche Liebe zu
     Israel, hofiert dessen Regierung aber vor allem ihre Kriegführung gegen
     die Palästinenser. Neben Fotos zerstörter Moscheen in Gaza kann man dort
     lesen: ›Sehr gut, Israel! Wir könnten der IDF auch noch ein paar Ziele in
     Deutschland zur Verfügung stellen.‹ [IDF sind die israelischen Streitkräf-
     te.]« Zur Bündnisarbeit von PI schreibt Mellenthin: »Eng mit PI kooperiert
     die gleichfalls proisraelische muslimfeindliche Partei ›Die Freiheit‹. Verbin-
     dende Figur ist der ehemalige CSU-Funktionär Michael Stürzenberger, der
     gleichzeitig Bundesvorsitzender der Partei und Chefideologe von PI ist. …
     Mitglieder der ›Freiheit‹ sind in letzter Zeit offenbar gezielt in die rechts-
     populistische AfD eingetreten.« (junge Welt, 5.1.2015, S. 3)

Mit dem Zuwanderungsgesetz[88] von 2005 wurde die Realität von Migration zumindest symbolisch anerkannt, auch wenn weiterhin nur von *Zu*wanderung die Rede war – ein Begriff, der dem Koalitionsvertrag zwischen CDU und FDP aus dem Jahr 1982 entlehnt ist. Darin heißt es wörtlich: »Deutschland ist kein Einwanderungsland. Es sind daher alle humanitär vertretbaren Maßnahmen zu ergreifen, um den Zuzug von Ausländern zu unterbinden« (Friedrich-Naumann-Stiftung, 1982). Die Folgen dieses politischen Umgangs mit deutscher Migrationsgeschichte sind bekannt: 1993 wurde das Recht auf Asyl (Art. 16a GG) weitgehend ausgehöhlt, flankiert von Brandanschlägen, Pogromen und rassistischen Morden. Hoyerswerda, Rostock-Lichtenhagen, Mölln, Mannheim-Schönau und viele weitere deutsche Städte stehen dafür. Auch die Nullerjahre waren von rassistischer Stimmungsmache aus Politik und Medien geprägt. Der Spruch »Kinder statt Inder« stammt nicht von der NPD, sondern wurde im Jahr 2000 im nordrhein-westfälischen Landtagswahlkampf von Jürgen Rüttgers (CDU) geprägt.

Zudem gibt es in der Bundesrepublik kaum eine Auseinandersetzung mit den politischen Funktionen von Rassismus, vor allem da von offizieller Seite aus meist eher von »Ausländerfeindlichkeit« oder »Fremdenfeindlichkeit« gesprochen wird. Wie im zweiten Kapitel ausgeführt, blenden Konzepte der »Feindlichkeit« die strukturelle und institutionelle Dimension sowie die Historizität von Rassismus aus. Mark Terkessidis (2004, S. 7) konstatiert: »Der Begriff Rassismus ist in Deutschland ein rotes Tuch. Er ist strikt reserviert für Gewalttaten gegen Migranten, Juden oder andere Minderheiten, oder für Extremismus im Sinne der politischen Ideologie. Bei der Gewalt wird gewöhnlich davon ausgegangen, dass Jugendliche dafür verantwortlich sind – Jugendliche, die auf die eine oder andere Weise ›gestört‹ sind. Beim Extremismus dagegen, so wird allgemein angenommen, handelt es sich um die Weltanschauung der ›Ewiggestrigen‹, um ein Über-

---

88   Die genaue Bezeichnung des Gesetzes lautet: »Gesetz zur Steuerung und Begrenzung der Zuwanderung und zur Regelung des Aufenthalts und der Integration von Unionsbürgern und Ausländern«.

bleibsel der Vergangenheit.« Mit Hilfe des totalitaristischen Extremis-
mus-Begriffs, so ließe sich hinzufügen, wird rassistische Gewalt von
der herrschenden Politik entkoppelt und in die Verantwortung von
historischen Nazis, der NS-Ideologie oder aber der heutigen extremen
Rechten verwiesen. Gut verborgen bleiben dabei die Geschichte, die
Kontinuitäten sowie Aktualität und politische Tragweite des deutschen
Rassismus. Übrig bleiben hingegen individuelle Feindlichkeitskonzep-
te, die Rassismus keineswegs als ein »Ensemble klar unterschiedener
ökonomischer, politischer und ideologischer Praktiken, die konkret
mit anderen Praktiken in einer Gesellschaft artikuliert sind« (Hall, zit.
nach: Terkessidis 2004, S.9) betrachten. Rassismus wird also meist
nicht als gesamtgesellschaftliches Phänomen wahrgenommen. Statt-
dessen präsentiert man Deutschland lieber als weltoffenen und aus-
länderfreundlich, als ein Land, das die Vergangenheit geradezu vor-
bildlich aufgearbeitet hat, moralisch geläutert ist, bei dem »die Welt zu
Gast bei Freunden« ist (Motto der Fußball-WM 2006) und das gerade
deshalb weltpolitisch »mehr Verantwortung« übernehmen könne.

Doch was hat das alles mit PEGIDA zu tun? Noch einmal ein
Rückblick: Ende 2014 erinnerte der Publizist Werner Rügemer an die
Memoiren von Kurt Biedenkopf, der von 1990 bis 2002 Ministerpräsident von Sachsen war, also dem Epizentrum der genannten Aufmärsche. Der aus dem Westen exportierte CDU-Politiker notierte 1990 in
sein zehn Jahre später veröffentlichtes »deutsches Tagebuch«, was er
angeblich geträumt hatte: »Wir wohnten in unserem Haus am Chiem-
see; der Garten war ähnlich wie in Wirklichkeit, aber weitläufiger. Am
hinteren Gartentor standen einige Menschen brauner Hautfarbe. Sie
hatten das Tor geöffnet, zögerten aber, in den Garten einzudringen.
Plötzlich kamen weitere Menschen in weißen Gewändern, zum Teil
mit Turbanen und weißen Kopfbedeckungen. Sie warfen Abfall in den
Garten, zum Teil in zerbeulten Behältnissen. Eines dieser Behältnisse
flog in die Nähe des Hauses und begann zu brennen. Die Menschen
fingen an, in den Garten einzudringen. Ihnen voran kam ein kräftig
gewachsener großer Mann mit weißem Turban und weißem Gewand
auf mich zu. Er hielt einen schweren Gegenstand in der Hand, mit
dem er mich angreifen wollte.« Und weiter: »Dann endete der Traum

Ich habe in der Vergangenheit viel über die Gefahr eines Einwande-
rungsdrucks aus dem Süden auf Europa gesprochen. Dies war wohl
eine Umsetzung dieser Gedanken in Bilder.«[89]

Was ein amtierender Ministerpräsident dergestalt veröffentlichen
konnte, passte zu einem politischen Klima, das durch den so genannten Sachsensumpf geprägt war. Dabei waren hochrangige Vertreter aus
Politik, Wirtschaft und Justiz dem dringenden Verdacht ausgesetzt, in
organisierte Kriminalität verstrickt gewesen zu sein. Und im ideologischen Sumpf des Landes stand ein Kurt Biedenkopf bei weitem nicht
allein damit, Angst vor »Menschen in weißen Gewändern, zum Teil
mit Turbanen und weißen Kopfbedeckungen« zu schüren.

Genau diese Früchte sind es, die PEGIDA nun erntet. In einem
Positionspapier der Organisatoren werden 19 Punkte aufgeführt, in
denen es vordergründig um Zuwanderung, Asylpolitik, den Erhalt der
»christlich-jüdisch geprägten Abendlandkultur«, um »Direktdemokra-
tie«, »Geschlechtsneutralisierung« und die Aufrüstung der Polizei geht
(Positionspapier, 2014). Ab November 2014 richteten sich die Blicke
der Medien – anfangs durchaus mit Verständnis, dann zunehmend
mit moralischer Empörung – auf Dresden, wo »ganz normale Bürger«
wegen ihrer vermeintlichen »Ängste« auf die Straße gingen. Tatsächlich sind nicht alle der Zehntausenden PEGIDA-Anhänger Neonazis.
Dass neben rechtspopulistischen Strömungen wie der Alternative für
Deutschland auch die extreme Rechte die Demonstrationen als Plattform für ihre eigenen politischen Vorstellungen nutzt, um daraus Kapital zu schlagen, ist indes offensichtlich.[90] In diesen Protesten haben
Faschisten – nach wiederholten Niederlagen in den vergangenen Jahren – eine Möglichkeit gefunden, mit Themen wie Rassismus, Anti-
islamismus und »Heimatschutz« die Agenda mitzubestimmen. Meist
distanzierten sich die PEGIDA-Bündnisse zwar vordergründig von

---

89   Kurt Biedenkopf: 1989–1990. Ein deutsches Tagebuch, Berlin 2000, zit.
      nach: Werner Rügemer: Bedrängtes Abendland. In: junge Welt, 23.12.2014,
      S. 3.

90   In manchen Städten wie Köln (»Kögida«) oder Bonn (»Bogida«) rekrutier-
      ten sich die Organisatoren auch aus neonazistischen Strukturen wie etwa
      aus Pro NRW.

rechtsextremen Positionen und Gruppierungen. Wie scheinheilig dies wirkt, zeigt sich u. a. an folgendem *Spiegel*-Bericht über Kommentare der PEGIDA-Organisatoren in einer internen Facebookgruppe: »Siegfried Däbritz, der zum zehnköpfigen Organisationsteam von Pegida gehört, beschimpfte Muslime als ›mohammedanische Kamelwämser‹ oder ›Schluchtenscheißer‹. Über die Kurden, die sich dem Terror des ›Islamischen Staates‹ widersetzen, schrieb er auf Facebook: ›Sie sind genauso eine große Gefahr für das zivilisierte Europa / Deutschland wie alle anderen Strömungen innerhalb der Mohammedaner.‹ Däbritz war zuvor Mitglied der FDP und saß in seiner Heimatstadt Meißen im Vorstand der Liberalen. Thomas Tallacker, ebenfalls Mitglied im Organisationsteam, hetzte bereits im Sommer 2013 auf Facebook gegen Asylbewerber: ›Was wollen wir mit dem zu 90 % ungebildeten Pack was hier nur Hartz 4 kassiert und unseren Sozialstaat ausblutet.‹ Nach Berichten über eine Messerstecherei an einem Badesee mutmaßte er: ›Bestimmt wieder ein in seiner Entwicklung gestörter oder halbverhungerter Ramadan Türke.‹ Tallacker war Stadtrat der CDU in Meißen, bis ihn seine Partei dazu drängte, dieses Mandat niederzulegen.«[91]

Dass bei den PEGIDA-Demonstrationen rechte Hooligans für »Sicherheit« sorgen, wird zudem gerne verschwiegen. So berichtete Christoph Ruf (2014) aus Dresden: »Die Hooligans von Dynamo Dresden bilden am Montag die größte Gruppe, auch der BFC Dynamo Berlin ist gut vertreten, während des Demozuges durch die Innenstadt sieht man auch Hools aus vielen anderen Szenen. Gut zwei Drittel von ihnen laufen im Pulk mit, der Rest hat hier eine Mission zu erfüllen – manche davon auch offiziell. Dass die Pegida-Ordner, die mit weißen Armbinden die Ränder der Kundgebung sichern, fast alle aus der Fußballszene sind, ist offensichtlich.«

Und wie verhält sich die selbsterklärte Mitte der Gesellschaft? Die führenden akademischen Vertreter der Extremismustheorie (»rot = braun«), die sich im Dunstkreis des Verfassungsschutzes bewegen

---

91   vgl. Spiegel Online: Interne Facebook-Gruppe: Pegida-Anführer nutzen Hitler-Zitate und rassistische Parolen, 11.1.2015.

und in Sachsen nicht nur geistig beheimatet sind, sondern an der TU Chemnitz und Dresden auch mit Lehrstühlen versorgt wurden, haben ihren eigenen Umgang mit dem Phänomen gefunden: Uwe Backes, Professor an der TU Dresden, hat sich bisher in Schweigen gehüllt. Womöglich weil durch das Gebräu aus bürgerlicher und extremer Rechter auf den Straßen seine zur Staatstheorie erhobenen Annahmen offenkundig widerlegt werden. Der ehemalige Direktor des Instituts für Politikwissenschaft an der TU Chemnitz, Eckhard Jesse, machte sich unterdessen als »Parteienforscher« für die *Thüringer Allgemeine* nützlich und schmähte Linkspartei-Wähler,[92] anstatt sich zur Rolle von CDU, FDP oder AfD im Kontext von PEGIDA zu äußern. Zur politischen Kultur Sachsens gehört eben die Bekämpfung des so genannten Linksextremismus. Dies beinhaltet seit dem Ende der DDR die Delegitimierung des Antifaschismus und die Kriminalisierung von Engagement gegen Neonazis.

Die Verbindung zwischen der Negation rassistischer Zustände und dem staatspolitischen Programm der Extremismustheorie haben in Sachsen über Jahre einen rassistischen und antimuslimischen Nährboden geschaffen, der die ideologische Basis für die PEGIDA-Bewegung bildet. Doch das ist nicht alles. Die um sich greifende Perspektivlosigkeit, die von Ohnmachtsgefühlen geprägte Stimmung und die vielfältigen Krisen reaktivieren und forcieren reaktionäre Einstellungen. Die soziale Frage spielt dabei eine wesentliche Rolle. Auch hier befördern Abstiegsängste, Ausschluss aus dem »Leistungskollektiv« und ökonomische Unsicherheiten die Entstehung dichotomer Gegenüberstellungen wie »Wir« und die »Asylanten« oder »Wir« und die »Muslime«. Zwar weist diese Haltung ideologische Widersprüche auf, da die »Anderen« einerseits als »minderwertig« angesehen werden. Andererseits zielen aber die hervorgerufenen Ängste auf vermeintlich übermächtige Kontrahenten wie die »Islamisierung« oder »die Muslime«.

Doch wie ist es möglich, trotz solcher Widersprüche so viele Menschen zu mobilisieren? An dieser Stelle sei noch einmal auf die poli-

---

92   Michael Backfisch: Jeder vierte Linke-Anhänger sympathisiert mit Pegida. In: www.thueringer-allgemeine.de, 6.1.2015

tischen Kampagnen der letzten Jahre gegen Muslime hingewiesen. Medien, Parteien und prominente Vertreter antimuslimischer Diskurse wie Thilo Sarrazin, Heinz Buschkowsky, Henryk M. Broder, Udo Ulfkotte, Akif Pirinçci oder Necla Kelek haben die ideologischen Grundlagen für Bewegungen wie PEGIDA mit geschaffen.

Nach dem Dresdner Vorbild der montäglichen Aufmärsche gab es auch in anderen deutschen Städten Anti-Islam-Proteste. Diese rassistischen Proteste verzeichneten bei weitem nicht derartige Erfolge wie in Dresden, weder in der Kontinuität, noch in der Größenordnung. Vielerorts bildeten sich politisch breite Anti-PEGIDA-Bündnisse, die Gegenaktionen organisieren und dank großer Beteiligung die Aufmärsche oftmals in die Schranken weisen konnten.

Von bürgerlichen Parteien gab es unterschiedlichste Reaktionen: Während sich neben SPD und Grünen mit zunehmender Dauer und infolge größerer Gegendemonstrationen auch die CDU in großen Teilen von PEGIDA distanzierte, zielte die Strategie der CSU auf Verständnis. Dabei wird versucht, verloren gegangene Stimmen wieder zurückzugewinnen. Der ehemalige Bundesinnenminister, Hans-Peter Friedrich, gab Bundeskanzlerin Merkel für den Zulauf der PEGIDA die Schuld: »Wenn Sie mich vor ein paar Jahren gefragt hätten, hätte ich gesagt: Wir putzen die weg, indem wir ihnen die Themen wegnehmen« (Spiegel Online, 2014). Nach der Veröffentlichung des PEGIDA-Positionspapiers ging die CSU auf Kuschelkurs mit der Bewegung: In einer Beschlussvorlage für die Klausurtagung der CSU-Landesgruppe Anfang Januar 2015 wurden schnellere und konsequente Asyl- und Abschiebeverfahren gefordert. Die *Süddeutsche Zeitung* stellte daraufhin fest: »Mit ihrem Kreuther Flüchtlingspapier wirbt die Partei um Anhänger von AfD und Pegida.« (Roßmann, 2015). Auch Bundesinnenminister Thomas de Maizière (CDU) biederte sich an und äußerte Verständnis für PEGIDA: »Unter denjenigen, die da teilnehmen, gibt es doch ganz schön viele, die bringen ihre Sorgen zum Ausdruck vor den Herausforderungen unserer Zeit« (sueddeutsche.de, 2015). Derweil warnte Sachsens Innenminister Markus Ulbig (CDU) vor einer Stigmatisierung der Anhänger der Bewegung und sprach sich für Dialog aus (mdr, 2015).

In der bayerischen Landeshauptstadt lag die Bevölkerung indes nicht auf der Linie der Regierung des Freistaates. Am 22. Dezember 2014 trafen sich in München über 20.000 Menschen zu einer Kundgebung unter dem Motto »Platz da für Flüchtlinge – gemeinsam gegen Pegida, Rassismus und Hetze«. Dabei mangelte es nicht an deutlichen Worten, der Liedermacher Konstantin Wecker etwa erklärte unter großem Beifall: »Wir unterscheiden nicht zwischen Kriegs-, Wirtschaftsoder anderen Flüchtlingen. Alle sind hier willkommen. … Nicht die Islamisierung bedroht uns, sondern der Finanzmarktkapitalismus, der diese Gesellschaft unterminiert.«[93]

---

93   Zit. nach: unsere zeit, 2.1.2015, S. 5.

5.
Gegenstrategien

Dem Antimuslimischen Rassismus entgegenzutreten, ist in der politischen Arbeit gleichermaßen elementar und notwendig wie auch schwierig umzusetzen. Rassismus und andere Ideologien der Ungleichheit sind bekanntlich voller Widersprüche. Wichtig ist es zunächst, den Antimuslimischen Rassismus sichtbar zu machen. Denn er ist vor allem deshalb wirkmächtig, weil er nach äußerlichen Charakteristika funktioniert: Seine Wirkungen auf das Alltagsbewusstsein lassen sich mit Stuart Hall insofern als sehr prägend beschreiben, als er in solchen »Rasse«-Merkmalen wie Hautfarbe oder ethnischer und geografischer Herkunft etwas entdeckt, was andere Ideologien erst mühsam konstruieren müssen. Daher fragt sich bei der Auseinandersetzung mit Rassismus vor allem: Wie entstehen rassistische Strukturen? Wie sind rassistische Ideologien aufgebaut und wie werden sie etabliert? Wie funktioniert Rassismus? Wie wird er artikuliert? Wem nutzt er? Das heißt: Welche Funktionen erfüllt er für kleinere und größere Privilegien in der Gesellschaft, für den bürgerlichen Staat und das Kapital? Nicht umsonst spricht sich vor allem das konservative Lager dann für Migration aus, wenn es um »nützliche« Zuwanderer geht. Der Tenor: »Es soll natürlich nicht einfach jeder kommen können, und dann schauen wir mal, ob er bestimmte Kriterien erfüllt, sondern es muss natürlich am Ende auch bedarfsgerecht sein«, so Jens Spahn, Präsidiumsmitglied der CDU, im Januar 2015 (deutschlandfunk.de, 15.1.2015). Demnach soll nur kommen, wer einen Beitrag für Staat und Wirtschaft leistet. Die Bertelsmann-Stiftung veröffentlichte im November 2014, wohl nicht aus antirassistischen Beweggründen, eine Studie zu Migration und Integration, derzufolge »Ausländer ... ein Plus ... für unsere Sozialkassen erwirtschaften« (deutschlandfunk.de, 1.12.2014); ihre Motive liegen vielmehr in einer neoliberalen Verwertungslogik, die Zuwanderung als profitabel für den Sozialstaat betrachtet.

Jenseits dieser Logik kann die Förderung von Partizipation nur gelingen, wenn migrationspolitische mit sozialen Themen kombiniert werden: Eine gute Gleichstellungspolitik, interkulturelle Öffnung auf allen Ebenen, Zugang zu Arbeit und Bildung für *alle* Menschen ist auch eine gute Migrationspolitik. Vielerorts wurden auch Erfolge erzielt, woran es anzuknüpfen gilt:

- Die Planung und der Bau der Moschee in Duisburg-Marxloh lief weitgehend ohne Konflikte ab. Nicht unbedingt weil dort die Bevölkerung weniger rassistisch und vorurteilsbeladen als in den Berliner Bezirken Charlottenburg-Wilmersdorf und Pankow war, sondern weil von Anfang an die richtigen Schritte unternommen wurden, indem auch die nicht-muslimische Öffentlichkeit das Gemeinschaftsprojekt transparent mitverfolgen konnte. Es wurde ein Beirat aus Vertreterinnen und Vertretern dortiger Strukturen (u. a. aus Kirchen, Parteien, Nachbarschaft) gebildet, der öffentliche Diskussionsveranstaltungen durchführte und eine Plattform für den allgemeinen Austausch anbot. So konnte einem Antimuslimischen Rassismus unter dem Deckmantel von Religionskritik von vornherein das Wasser abgegraben werden. Nach vier Jahren – 2008 – konnte die bisher größte (eröffnete) Moschee Deutschlands ohne nennenswerte Proteste ihre Tore öffnen.

- In Leipzig bildete sich nach dem neonazistischen Mord an Kamal K. die AG Erinnerungskultur in Kooperation mit den Angehörigen. Sie errichtete, wenn auch mit ungewollter Verzögerung, einen Gedenkort, um in der Gesellschaft Sensibilität für den Umgang mit rassistischer Gewalt zu schaffen. Mit ähnlichem Ziel bildete sich in Berlin die Initiative für eine Silvio-Meier-Straße. Auch hier konnte erfolgreich das Gedenken an einen von Neonazis Ermordeten wachgehalten werden.

- Die Art, mit der den PEGIDA-Demonstrationen bundesweit begegnet wird, verdeutlicht, wie wichtig es ist, große gesellschaftliche
  Bündnisse aus Parteien, Gewerkschaften, sozialen, interkulturellen
  und religiösen Verbänden sowie nicht zuletzt antirassistischen und
  antifaschistischen Initiativen zu schaffen.
- Der Berliner Verband »ReachOut – Opferberatung und Bildung
  gegen Rechtsextremismus, Rassismus und Antisemitismus« geht
  in dem genannten Bereich engagiert vor. Er bringt auch Broschüren heraus, in denen muslimische Jugendliche und junge Erwach-
  sene über ihre Diskriminierungs- und Gewalterfahrungen berichten. Für die Bildungsarbeit ist dies sehr wichtig, weil damit Raum
  für Interventionen geschaffen wird.
- Bei Anti-Sarrazin-Protesten wurde in verschiedenen Städten einem
  Antimuslimischen Rassismus entgegengetreten, der sich mit sozialdarwinistischen Ansichten paarte. Den Aktionen schlossen sich
  diverse Gruppen an, darunter auch Arbeitsloseninitiativen.

Insgesamt muss Rassismus als ein Querschnittsthema betrachtet werden, ist also nicht isoliert anzugehen. Denn die politischen Auseinandersetzungen zeigen: Antimuslimischer Rassismus spielt eine Rolle
bei Stigmatisierungen und Diffamierungen, bei der Kulturalisierung
sozialer Fragen sowie bei der Instrumentalisierung von Menschenrechten für neoliberale und auch geopolitische Ziele. Über Antimuslimischen Rassismus zu sprechen, bedeutet letztlich auch,

- die Frage nach Krieg und Frieden zu stellen,
- die zutiefst antidemokratische Ausrichtung neoliberaler Wirt-
  schaftspolitik offenzulegen,
- die von Deutschland forcierten Austeritätsregime mit ihren autoritären Krisenbewältigungsrezepten in Frage zu stellen,
- einem Sicherheitsregime entgegenzutreten, durch das im Inland
  Muslime, People of Colour, Asylsuchende und politisch Unliebsame verstärkt Repressionen ausgesetzt sind,
- der sozialdarwinistischen Diffamierung und Entrechtung der Deklassierten etwas entgegenzusetzen.

Asyl- und migrationspolitische Themen sind eng verknüpft mit kom-
munalen Tätigkeiten, wie etwa der Unterbringung von Asylsuchen-

den. Entgegen aller rassistischen Stimmungsmache: In vielen Städten sind auch Menschen auf den Beinen, die nachbarschaftliche Hilfe organisieren, Flüchtlinge beim Zugang zu Bildung und Gesundheitsversorgung unterstützen und sie solidarisch willkommen heißen. Über solche konkrete Arbeit hinaus gilt bei politischen Strategien gegen Antimuslimischen Rassismus: Wer gegen ihn was unternehmen will, sollte soziale Auseinandersetzungen bzw. Kämpfe nicht ignorieren. Spaltungsversuchen entlang rassistischer Trennungen sollte entschieden begegnet werden. Insbesondere in Zeiten bröckelnder neoliberaler Hegemonie kommt Konzepten von Rechtsaußen eine große Bedeutung als Stabilitätsreserve zu – das erleben wir europaweit allzu gut: Die Artikulation von Identität wird in dem Maße prägnant und machtvoll, wie derzeit das Aufleben rechtspopulistischer und neofaschistischer Parteien und Organisationen greifbar wird. Deren rassistische Denkfiguren und -formationen wiederum entstehen im Anschluss an herrschende Narrative: Uns in unserem Alltag dieser Tatsache bewusst zu werden, Partikularinteressen sowie vergessene, verdrängte, versteckte Positionen sichtbar zu machen, heißt auch, sich von den vorherrschenden Imperativen nicht verunsichern zu lassen.

Solidarität zu üben, ist das einende Band. Darüber hinaus sollte Platz sein, für eine Veränderung, ja: für eine Umwälzung gesellschaftlicher und politischer Verhältnisse zu streiten. Im Widerspruch zum Antimuslimischen Rassismus heißt das, in breiten Bündnissen hegemonialen Bestrebungen, wirtschaftlichen Verwertungsinteressen, steigendem Nationalismus und Rassismus entgegenzutreten. Damit, wie es so schön heißt, die Schranken dereinst nur noch neben den Gleisen verlaufen.

6.
Literaturverzeichnis

Bücher, Broschüren und Periodika

Acke, Hanna (2010): »Muslim_in«. In: Nduka-Agwu/Hornscheidt, Lann (Hg.): Rassismus auf gut Deutsch. Ein kritisches Nachschlagewerk zu rassistischen Sprachhandlungen. Frankfurt a. M. S. 326-331.

Ahmed, Aisha (2005): »Na ja, irgendwie hat man das ja gesehen«. Passing in Deutschland – Überlegungen zu repräsentation und Differenz. In: Eggers, Maureen Maisha/Kilomba, Grada/Piesche, Peggy/Arndt, Susan (Hg.): Mythen, Masken und Subjekte. Kritische Wissensforschung in Deutschland. Münster. S. 270-282.

al-Azmeh, Aziz (1996): Islams and modernities. London.

Antor, Heinz (2002): Postkoloniale Studien. Entwicklungen, Positionen, Perspektive. In: Sprachkunst. Beiträge zur Literaturwissenschaft. Wien. S. 115-130.

Arndt, Susan/Hornscheidt, Antje (2004): Afrika und die deutsche Sprache. Ein kritisches Nachschlagewerk. Münster.

Arbeitsgemeinschaft Lokaler Aktionsplan Pankow (2007): Der Moscheebaukonflikt in Pankow-Heinersdorf. Kommunale Handlungsmöglichkeiten. Berlin. (Broschüre, auch als PDF unter: www.mbr-berlin.de.)

Arndt, Susan (2004): »Rasse«. In: Arndt, Susan/Hornscheidt, Antje (2004): Afrika und die deutsche Sprache. Ein kritisches Nachschlagewerk. Münster. S. 197-203.

Attia, Iman (2007): Orient- und Islambilder. Interdisziplinäre Beiträge zu Orientalismus und antimuslimischem Rassismus. Münster.

Attia, Iman (2009): Die »westliche Kultur« und ihr Anderes. Zur Dekonstruktion von Orientalismus und antimuslimischenm Rassismus. Bielefeld.

Balibar, Etienne/Wallerstein, Immanuel (1990): Rasse, Klasse, Nation. Ambivalente Identitäten. Hamburg.

Balibar, Etienne (2000): Es gibt keinen Staat in Europa. In: Räthzel, Nora (Hg.): Theorien über Rassismus. Hamburg.

Benz, Wolfgang (2009): Stereotype und Verschwörungstheorien – Antizionismus als islamischer (islamistischer) Antisemitismus. In: Benz, Wolfgang (Hg.):

Islamfeindschaft und ihr Kontext. Dokumentation der Konferenz »Feindbild Muslim – Feindbild Jude«. Berlin.

Bühl, Achim (2010): Islamfeindlichkeit in Deutschland. Ursprünge. Aktcure. Stereotype. Hamburg.

Bundesministerium des Inneren (2010): Verfassungsschutzbericht 2010. Berlin.

Butler, Judith (2010): Raster des Krieges. Frankfurt / New York.

Butterwegge, Christoph (2011): Zwischen neoliberaler Standortlogik und rechtspopulistischem Sarrazynismus. In: Friedrich, Sebastian (Hg.): Rassismus in der Leistungsgesellschaft. Analysen und kritische Perspektiven zu den rassistischen Normalisierungsprozessen der »Sarrazindebatte«. Münster. S. 200-214.

Sebastian Carlens: Überall Schläfer? In: junge Welt, 30.8.2012.

Castro Varela, Maria da Mar / Dhawan, Nikita (2007): Orientalismus und postkoloniale Theorien. In: Attia, Iman (Hg.): Orient- und Islambilder. Interdisziplinäre Beiträge zu Orientalismus und antimuslimischem Rassismus. Münster. S. 31-44.

Çetin, Zülfukar / Voß, Heinz-Jürgen / Wolter, Salih Alexander (2012): Interventionen gegen die deutsche »Beschneidungsdebatte«, Münster.

Chomsky, Noam (2002): The Attack. Hintergründe und Folgen. Hamburg / Wien.

Conrad, Sebastian / Randeria, Shalini (2002) (Hg.): Jenseits des Eurozentrismus. Postkoloniale Perspketiven in den Geschichts- und Kulturwissenschaften. Frankfurt a. M..

Deutscher Bundestag (2014): Grundgesetz für die Bundesrepublik Deutschland (auch als PDF unter: www.bundestag.de)

Deppe, Frank / Salomon, David / Solty, Ingar (2011): Imperialismus. Köln.

Die »Scharia-Polizei« auf Kontrolle. In: Yeni Hayat / Neues Leben, Nr. 123, 12.9.2014, S. 1.

Dietrich, Anette (2007): Weiße Weiblichkeiten. Konstruktionen von »Rasse« und Geschlecht im deutschen Kolonialismus. Bielefeld.

Dietrich, Anette (2010): Critical Whiteness Studies als Ansatz zur Analyse und Kritik von Rassismus? In: Nduka-Agwu / Hornscheidt (Hg.): Rassismus auf gut Deutsch. Ein kritisches Nachschlagewerk zu rassistischen Sprachhandlungen. Frankfurt a. M. S. 387-395.

Dietze, Gabriele (2009): Kritik des Okzidentalismus. Transdisziplinäre Beiträge zu (Neo-)Orientalismus und Geschlecht. Bielefeld.

Düx, Heinz (2003): Globale Sicherheitsgesetze und weltweite Erosion von Grundrechten. In: Zeitschrift für Rechtspolitik, S. 189 f.

Eickhof, Ilka (2010): Antimuslimischer Rassismus in Deutschland. Theoretische Überlegung. Berlin.

Elibol, Zeynep (2008): Politisierter Stoff. Perspektiven zwischen Selbstbestimmung und Fremdzuschreibung. In: Sauer, Birgit / Strasser, Sabine (Hg.): Zwangsfreiheiten. Multikulturalität und Feminismus. Wien. S. 7-10.

Emcke, Carolin (2010): Der verdoppelte Hass der modernen Islamfeindlichkeit. In: Deutsche Zustände. Folge 9. Berlin. S. 214-223.

ESS (2003): Ein sicheres Europa in einer besseren Welt. Brüssel.

Foucault, Michel (1994): Das Subjekt und die Macht. In: Dreyfus, Hubert L. / Rabinow, Paul: Michel Foucault. Jenseits von Strukturalismus und Hermeneutik. Weinheim.

Gayatari C. Spivak (1985): The Rani of Simur. In: Francis Barker u.a. (Hg.): Europe and its Others. Vol. 1. Colchester.

Gebhardt, Richard / Werner, Alban (2013): Bedingt abkehrbereit. Warum es in der Bundesrepublik (noch) keine erfolgreiche rechtspopulistische Partei gibt. In: Bathke, Peter / Hoffstadt, Anke (Hg.): Die neuen Rechten in Europa. Zwischen Neoliberalismus und Rassismus. Köln. S. 191-204.

Goldenbogen, Anne (2014): Raus aus der Zeitschleife. Antisemitismus und Muslimfeindlichkeit als aktuelle Herausforderungen. In: Perspektiven. Der Newsletter von KigA e. V. S. 6 f.

Gresch, Nora / Hajd-Abdou, Leila (2008): »Kopftuchprovokationen«. Implikationen der Hierarchisierung von Gleichheitsimperativen in kontemporären feministischen Diskursen. In: Sauer, Birgit / Strasser, Sabine (Hg.): Zwangsfreiheiten. Multikulturalität und Feminismus. Wien. S. 97-113.

Hall, Stuart (1989): Rassismus als ideologischer Diskurs. In: Das Argument, Nr. 178. Hamburg. S. 913-921.

Hall, Stuart (1994): »Rasse«, Artikulation und Gesellschaften mit struktureller Dominante. In: Hall, Stuart: Rassismus und kulturelle Identität. Ausgewählte Schriften 2. Hamburg. S. 89-136.

Hall, Stuart (2002): Wann gab es »das Postkoloniale«? Denken an der Grenze. In: Conrad, Sebastian / Randeria, Shalini (Hg.): Jenseits des Eurozentrismus. Postkoloniale Perspketiven in den Geschichts- und Kulturwissenschaften. Frankfurt a. M. S. 219-246.

Hall, Stuart (2004): Ideologie, Identität. Repräsentation. Ausgewählte Schriften 4. Hamburg.

Hall, Stuart (2014): Populismus. Hegemonie. Globalisierung. Ausgewählte Schriften 5. Hamburg.

Haase, Martin (2008): Neusprech im Überwachungsstaat. In: Proceedings of the 25th Chaos Communication Congress. Berlin / Bielefeld.

Häusler, Alexander (2013): Antimuslimischer Rechtspopulismus – ein Markenzeichen der modernisierten extremen Rechten in Europa. In: Bathke, Peter / Hoffstadt, Anke (Hg.): Die neuen Rechten in Europa. Zwischen Neoliberalismus und Rassismus. Köln. S. 155-175.

Herz, Dietmar (2003): Palästina. Gaza und Westbank. Geschichte und Kultur. 5. Auflage. München.

Hippler, Jochen (2002): Der Islam, der Westen und die politische Gewalt in den internationalen Beziehungen. In: Hippler Jochen / Lueg Andrea (Hg.): Feindbild Islam oder Dialog der Kulturen. Hamburg, S. 159-195.

Hippler, Jochen / Lueg, Andrea (2002): Einleitung. Feindbild und Verständigung – Ist »Dialog mit dem Islam« noch möglich? In: Hippler, Jochen / Lueg, Andrea (Hg.): Feindbild Islam oder Dialog der Kulturen. Hamburg. S. 7-15.

Hrzan, Daniela (2005): Sind alternative »Erzählungen« über Female Genital Cutting (FGC) möglich? Erste Schritte auf dem Weg zu kritischen Weißen Perspektiven. Female Genital Cutting: Die Schwierigkeit, sich zu positionieren. In: Zentrum für transdisziplinäre Geschlechterstudien (ZtG). Berlin. S. 57-64.

Karakayali, Juliane / Kasparek, Bernd (2013): Mord im rassistischen Kontinuum. In: analyse & kritik. Zeitung für linke Debatte und Praxis, 19.11.2013.

Kelly, Natascha A. (2010): »Rasse« in der Wissenschaft, im Alltag und in der Politik. In: Nduka-Agwu / Lann Hornscheidt (Hg.): Rassismus auf gut Deutsch. Ein kritisches Nachschlagewerk zu rassistischen Sprachhandlungen. Frankfurt a. M. S. 344-350.

Klauda, Georg (2008): Die Vertreibung aus dem Serail. Europa und die Heteronormalisierung der islamischen Welt. Hamburg.

Klauda, Georg (2011): Mit Islamophobie contra Homophobie? In: Yilmaz-Günay, Koray (Hg.): Karriere eines konstruierten Gegensatzes: zehn Jahre »Muslime vs. Schwule«. Berlin. S. 79-84.

Kölner Stadtanzeiger (2014): Birlikte Extra, 7./8. Juni 2014, S. IV.

Königseder, Angelika (2009): Feindbild Islam. In: Benz, Wolfgang (Hg.): Islamfeindschaft und ihr Kontext. Dokumentation der Konferenz »Feindbild Muslim – Feindbild Jude«. Berlin. S. 21-33.

Küpper, Beate (2010): Anknüpfungspunkt: Islamfeindlichkeit. In: Deutsche Zustände. Folge 9. Berlin. S. 212 f.

Küster, Sybille (1998): Wessen Postmoderne? Facetten postkolonialer Kritik. In: Knapp, Gudrun-Axeli (Hg.): Kurskorrekturen. Feminismus zwischen Kritischer Theorie und Postmoderne. Frankfurt a. M. / New York. S. 178-215.

Leibold, Jürgen / Kühnel Steffen (2008): Islamophobie oder Kritik am Islam. In: Heitmeyer, Wilhelm (Hg.): Deutsche Zustände. Folge 6. 1. Auflage. Frankfurt a. M. S. 95-115.

Lettre International (2009): Thilo Sarrazin im Gespräch. Klasse statt Masse. Heft 86. S. 197-201.

Lueg, Andrea (2002): Der Islam in den Medien. In: Hippler Jochen / Lueg Andrea (Hg.): Feindbild Islam oder Dialog der Kulturen. Hamburg. S. 16-34.

Mamdani, Mahmood (2004): Guter Moslem, böser Moslem. Amerika und die Wurzeln des Terrors. Hamburg.

Marx, Karl / Engels, Friedrich (1989): Manifest der Kommunistischen Partei. Berlin.

Mecklenburg, Jens (1996): Handbuch deutscher Rechtsextremismus. Berlin.

Mosse, George (1990): Die Geschichte des Rassismus in Europa. Frankfurt a. M.

Nduka Agwu, Adibeli / Lann Hornscheidt, Antje (2010): Der Zusammenhang zwischen Rassismus und Sprache. In: Nduka Agwu, Adibeli / Lann Hornscheidt, Antje (Hg.): Rassismus auf gut Deutsch. Ein kritisches Nachschlagewerk zu rassistischen Sprachhandlungen. Frankfurt a. M. S. 11-49.

Paulus, Stanislawa (2007): »Einblicke in fremde Welten«. Orientalische Selbst/ Fremdkonstruktionen in TV-Dokumenationen über Muslime in Deutschland. In: Attia, Iman (Hg.): Orient- und Islambilder. Interdisziplinäre Beiträge zu Orientalismus und antimuslimischem Rassismus. Münster.

Popal, Mariam (2007): Kopftücher HipHop – Körper sprechen schweigend (andere) Geschichten. In: Ha, Kien Nghi / al-Samarai, Nicola Laure / Mysorekar, Sheila (Hg.): re/visionen. Postkoloniale Perspektiven von People of Color auf Rassismus, Kulturpolitik und Widerstand in Deutschland. Münster. S. 87-109.

Poulantzas, Nico (1978): Staatstheorie. Politischer Überbau, Ideologie, sozialistische Demokratie. Hamburg.

Räthzel, Nora (2011): Sarrazin und die neoliberale Globalisierung. In: Friedrich, Sebastian (Hg): Rassismus in der Leistungsgesellschaft. Analysen und kritische Perspektiven zu den rassistischen Normalisierungsprozessen der »Sarrazindebatte«. Münster. S. 230-239.

Rommelspacher, Birgit (2007): Dominante Diskurse. Zur Popularität von »Kultur« in der aktuellen Islam-Debatte. In: Attia Iman (Hg.): Orient- und Islambilder. Interdisziplinäre Beiträge zu Orientalismus und antimuslimischem Rassismus. Münster. S. 245-266.

Rosenberger, Sieglinde / Sauer, Birgit (2004): Politikwissenschaft und Geschlecht. Wien.

Ruf, Werner: Der Islam – Schrecken des Abendlandes. Wie sich der Westen sein Feindbild konstruiert, 2. Aufl., Köln 2014.

Rügemer, Werner (2014): Bedrängtes Abendland. In: junge Welt. 23.12.2014, S. 3.

Said, Edward (1978): Orientalism. London.

Said, Edward (1994): Culture and Imperialsm. London.

Scheufele, Bertram (2003): Frames – Framing – Framing-Effekte. Theoretische und methodische Grundlegung sowie empirische Befunde zur Nachrichtenproduktion, Wiesbaden.

Schiffauer, Werner (2002): Staat – Schule – Ethnizität. Politische Sozialisation von Immigrantenkindern in vier europäischen Ländern. Münster / München.

Schiffer, Sabine (2005): Der Islam in den deutschen Medien. In: Bundeszentrale für politische Bildung. APuZ 20. Muslime in Europa. Bonn. S. 22-30.

Schönefelder, Sven (2013): Europäischer Rechtspopulismus. In: Bathke, Peter / Hoffstadt, Anke (Hg.): Die neuen Rechten in Europa. Zwischen Neoliberalismus und Rassismus. Köln. S. 96-111.

Schui, Herbert (2013): Die Wirtschaftskrise und die Legitimation des Neoliberalismus. In: Bathke, Peter / Hoffstadt, Anke (Hg.): Die neuen Rechten in Europa. Zwischen Neoliberalismus und Rassismus, Köln 2013, S. 49-64.

Schultz, Eberhard (2014): Vorwand »Terrorismus«. In: junge Welt, 20.6.2014. S. 10 f.

Schulze, Reinhard (1991): »Alte und neue Feindbilder. Das Bild der arabischen Welt und des Islams im Westen. In: Stein, Georg / Galtung, Johan (Hg.): Nachgedanken zum Golfkrieg. Heidelberg. S. 244-259.

Seitz, Klaus (2006): Die Sicherheitsfalle. Weshalb sicherheitspolitische Argumente eine ethische Begründung der Entwicklungspolitik nicht ersetzen können. In: Hirsch, Klaus / Seitz, Klaus (Hg.): Zwischen Sicherheitskalkül, Interesse und Moral. Beiträge zur Ethik der Entwicklungspolitik. Frankfurt / London. S. 127-143.

Sezgin, Hilal (Hg.) (2011): Manifest der Vielen. Deutschland erfindet sich neu. 2. Auflage. Berlin.

Spielhaus, Riem (2013): Muslimische Identitätskonzepte und der Wandel im Integrations- und Migrationsdiskurs. In: KigA. Politische Bildung für die Migrationsgesellschaft: Zusammendenken. Reflexionen, Thesen und Konzepte zu politischer Bildung im Kontext von Demokratie, Islam, Rassismus und Islamismus – ein Projekthandbuch. Berlin (Broschüre).

Stanicic, Sascha (2010): Anti-Sarrazin. Argumente gegen Rassismus, Islamfeindlichkeit und Sozialdarwinismus. Köln.

Staßer, Sabine / Sauer, Birgit (2008): Zwangsfreiheiten. Wege zwischen Autonomie und Anpassung in multikulturellen Gesellschaften. In: Sauer, Birgit / Strasser, Sabine (Hg.): Zwangsfreiheiten. Multikulturalität und Feminismus. Wien. S. 7-10.

Stützle, Ingo (2013): Austerität als politisches Projekt. Von der monetären Integration Europas zur Eurokrise. Münster.

Süddeutsche Zeitung (2014): »Wir könnten, ja wir sollten noch lauter sein«, Interview mit Aman Mazyek. In: Süddeutsche Zeitung, 5.9.2014. S. 5.

Terkessidis, Mark (2004): Die Banalität des Rassismus: Migranten zweiter Generation entwickeln eine neue Perspektive. Bielefeld.

Tudor, Alyosxa (2010): Rassismus und Migratismus: Die Relevanz einer kritischen Differenzierung. In: Nduka-Agwu / Lann Hornscheidt (Hg.): Rassismus auf gut Deutsch. Ein kritisches Nachschlagewerk zu rassistischen Sprachhandlungen. Frankfurt a. M. S. 396-420.

Voß, Heinz-Jürgen / Wolter, Salih Alexander (2013): Queer und (Anti-)Kapitalismus. Stuttgart.

Wagner, Thomas (2011): Demokratie als Mogelpackung: Oder: Deutschlands sanfter Weg in den Bonapartismus. Köln.

Weller, Christoph (2002): Warum gibt es Feindbilder? In: Hippler, Jochen / Lueg, Andrea (Hg.): Feindbild Islam oder Dialog der Kulturen. Hamburg. S. 49-58.

Wenk, Silke (2008): Sichtbarkeitsverhältnisse. Asymmetrische Kriege und (a)symmetrische Geschlechterbilder. In: Hentschel, Linde (Hg.): Bilderpolitik in Zeiten von Krieg und Terror. Medien, Macht und Geschlechterverhältnisse, Berlin, S. 29-49.

Yilmaz-Günay, Koray (2011): Der »Clash of Civilisations« im eigenen Haus. In: Yilmaz-Günay, Koray (Hg.): Karriere eines konstruierten Gegensatzes: zehn Jahre »Muslime vs. Schwule«. Berlin. S. 7-14.

Yilmaz-Günay, Koray / Klinger, Freya-Maria (2014): Realität Einwanderung. Kommunale Möglichkeiten der Teilhabe. Gegen Diskriminierung. Hamburg.

Zetin, Zülfukar / Voß, Heinz-Jürgen / Wolter, Salih Alexander (2012): Interventionen gegen die deutsche Beschneidungsdebatte. Münster.

Zick, Andreas / Küpper, Beate / Hövermann, Andreas (2011): Die Abwertung der Anderen. Eine europäische Zustandsbeschreibung zu Intoleranz, Vorurteilen und Diskriminierung. Bonn.

Internetquellen

Amirpur, Katajun (2010): Der iranische Schlüsselsatz. Umstrittenes Zitat von Ahmadinedschad, www.sueddeutsche.de [Zugriff: 10.12.2014]

Amnesty International (2012): Choice and prejudice. Discriminaton against muslims in Europe, www.amnesty.org (pdf) [Zugriff: 02.04.2014]

Backfisch, Michael (2015): Jeder vierte Linke-Anhänger sympathisiert mit Pegida, www.thueringer-allgemeine.de [Zugriff: 8.1.2015]

Baureithel, Ulrike (2012): Judith Butler. Die Nestbeschmutzerin, www.freitag.de [Zugriff: 6.9.2012]

Benz, Wolfgang (2012): Hetzer mit Parallelen: Antisemiten des 19. Jahrhunderts und manche »Islamkritiker« des 21. Jahrhunderts arbeiten mit ähnlichen Mitteln an ihrem Feindbild, www.sueddeutsche.de [Zugriff: 3.12.2014]

BITS bei der Arbeit: www.bits.de/frames/aboutd.htm [Zugriff: 19.4.2014]

Brief des Jüdischen Kulturvereins Berlin e.V. (2014): Wider die Islamophobie – Terror hat keine Religion, www.ag-friedensforschung.de [Zugriff: 8.12.2014]

Bruckstein Çoruh, A.S. (2010): Islam-Debatte: Die jüdisch-christliche Tradition ist eine Erfindung, www.tagesspiegel.de [Zugriff: 3.12.2014]

Butler, Judith (2010): Ich muss mich von dieser Komplizenschaft mit Rassismus distanzieren, www.egs.edu [Zugriff: 2.3.2014]

Büro zur Umsetzung von Gleichberechtigung e.V.: Kampagne gegen Diskriminierung: Du kommst hier nicht rein, www.wir-sind-du.de [Zugriff: 10.4.2014]

Deutsche Wirtschaftsnachrichten (2014): Gauck: Deutschland muss Zurückhaltung bei Militär-Einsätzen aufgeben, www.deutsche-wirtschafts-nachrichten.de [Zugriff, 6.1.2015]

Die Achse des Guten (2009): Klasse statt Masse – Der ganze Sarrazin, www.achgut.com [Zugriff: 3.5.2014]

Die Presse (2010): Alice Schwarzer: Kopftuch ist Flagge des Islamismus, http://diepresse.com [Zugriff: 1.4.2014]

Dohnanyi, Klaus von (2011): Feigheit vor dem Wort, www.sueddeutsche.de [Zugriff: 11.12.2014]

Döpfner, Mathias (2010): Der Westen und das höhnische Lachen der Islamisten, www.welt.de [Zugriff: 13.4.2014]

Eckert, Dirk (2012): Die Sicherheit Deutschlands wird auch am Hindukusch verteidigt, www.heise.de [Zugriff: 13.4.2014]

Europol Te-Sat (2010): EU terrorism situation and trend report, www.consilium.europa.eu (pdf) [Zugriff: 25.4.2012]

Evangelischer Pressedienst (2009): CSU-Politiker Uhl sieht Angst vor »Überfremdung« auch in Deutschland, http://europenews.dk [Zugriff: 16.12.2014]

Fikentscher, Anneliese/Neumann, Andreas (2008): »Von der Landkarte tilgen«, www.jungewelt.de [Zugriff: 15.12.2014]

Friedrich Naumann Stiftung (1982): Koalitionsvereinbarung 1982 zwischen den Bundestagsfraktionen der CDU/CSU und FDP, www.freiheit.org [Zugriff: 16.12.2014]

Genderwiki (2012): Jasbir Puar, www.genderwiki.de [Zugriff: 9.4.2014]

Giordano, Ralph (2007): Moschee-Plan eine Kriegserklärung. www.focus.de [Zugriff: 3.12.2014]

Gutiérrez Rodriguez, Encarnacion (2000): Fallstricke des Feminismus. Das Denken »kritischer Differenzen« ohne geopolitische Kontextualisierung. Einige Überlegungen zur Rezeption antirassistischer und postkolonialer Kritik. In: polylog: Forum für interkulturelles Philosophieren, www.them.polylog.org [Zugriff: 24.12.2011].

Hackensberger, Alfred (2009): Spaltung der Gelehrten, http://de.qantara.de [Zugriff: 12.3.2014]

Harrer, Gudrun (2009): »…ist für uns die Moslembrut«, http://derstandard.at [Zugriff: 4.12.2014]

Kulturglossar: Othering. www.kulturglossar.de [Zugriff: 22.02.2004]

Lewed, Karl-Heinz (2009): Rassistische Befreiungsschläge. Sarrazin, die »wutschäumende Mitte« und die kulturalistische Lösung sozialer Exklusion, www.krisis.org [Zugriff: 7.3.2014]

Lüders, Michael (2012): Militärschlag laut Experte »fast schon sicher«. www.tagesschau.de [Zugriff: 25.1.2014]

Melis, Viola van (2011): Islam tolerierte früher Homosexuelle, http://hpd.de [Zugriff: 5.12.2014]

mdr Sachsen (2015): Innenminister Ulbig bereit für Dialog mit Pegida, www.mdr.de [Zugriff: 13.1.2015]

Piper, Gerhard (2011): Moscheeanschläge: schleichende Kristallnacht. www.heise.de [Zugriff: 5.3.2014]

Positionspapier der PEGIDA (2014), www.i-finger.de (pdf) [Zugriff: 29.12.2014]

Pressemitteilung des LSVD Berlin-Brandenburg (2003): Schluss mit Diskriminierung und Gewalt. LSVD: Migranten müssen Verhältnis zu Homosexualität klären. www.lsvd.de [Zugriff: 21.4.2014]

Produktive Differenzen (2003): Essentialisierung. http://differenzen.univie.ac.at/glossar, [Zugriff: 14.1.2014]

Report Mainz (2010): Sarrazins Thesen: Rechtsextreme feiern den SPD-Mann als neue Ikone, www.swr.de/report [Zugriff: 11.12.2014]

Rippl, Jan (2012): Rückblick: 10 Jahre Afghanistan-Einsatz, http://www.bundeswehr.de [Zugriff: 20.3.2014]

RP Online (2010): Merkel fordert eine Debatte ohne Tabus, www.rp-online.de [Zugriff: 11.12.2014]

Roßa, Jakob (2013): Gauck redet wieder über den Islam, www.migazin.de [Zugriff: 6.1.2015]

Roßmann, Robert (2015): CSU will Schnellverfahren für Flüchtlinge, www.sueddeutsche.de [Zugriff: 2.1.2015]

Rüdiger, Wolfrum / Volker, Röben (2006): Gutachten zur Vereinbarkeit des Gesprächsleitfaden für die Einbürgerungsbehörden des Landes Baden-Württemberg mit Völkerrecht. Heidelberg. Max Planck Institute for Comparative Public Law and International Law, http://mpil.de (pdf) [Zugriff: 1.4.2014]

Ruf, Christoph (2015): Hooligans bei Pegida-Märschen: Die Jungs fürs Grobe, www.spiegel.de [Zugriff: 13.1.2015]

Sachverständigenrat deutscher Stiftungen für Integration und Migration (2013): www.svr-migration.de [Zugriff: 27.4.2014]

Saith, Anne (2009): Bundesbank – Sarrazins türkenfeindliche Tiraden lösen Entsetzen aus, www.spiegel.de [Zugriff: 11.12.2014]

Sarrazin, Thilo (2010): Will ich den Muezzin hören, dann reise ich ins Morgenland, www.bild.de [Zugriff: 11.12.2014]

Schavan, Annette (2005): Kopftuchdebatte und schulische Integration. Interview mit der Neuen Zürcher Zeitung, www.bpb.de [Zugriff: 1.4.2014]

Schiffer, Sabine (2004): Islam in der Medien, Vortrag vom 3.6.2004 im Rahmen der 10. Islamwoche in Berlin, www.al-sakina.de [Zugriff: 10.12.2014]

Schmidt, Birgit (2010): Der Campus im Ghetto, www.jungle-world.com [Zugriff: 20.4.2014]

Schmoll, Heike (2010): Sarrazin gab den Sparkommissar, www.faz.net [Zugriff: 10.3.2014]

Senatsverwaltung für Justiz und Verbraucherschutz (2012): Pressemitteilung Nr. 6/2012, www.berlin.de [Zugriff: 13.4.2014]

Shooman, Yasemin (2011): Islamophobie, antimuslimischer Rassismus oder Muslimfeindlichkeit? Kommentar zu der Begriffsdebatte der deutschen Islamkonferenz, www.migration-boell.de [Zugriff: 23.1.2014]

Spiegel Online (2008): Sarrazin empfiehlt dicken Pulli gegen hohe Heizkosten, www.spiegel.de [Zugriff: 11.12.2014]

Spiegel Online (2015): Interne Facebook-Gruppe: Pegida-Anführer nutzen Hitler-Zitate und rassistische Parolen, www.spiegel.de [Zugriff: 10.1.2015]

Sueddeutsche.de (2014): De Maizière zeigt Verständnis für »Pegida«-Demonstranten, www.sueddeutsche.de [Zugriff: 4.1.2015]

Tagesspiegel (2012), www.tagesspiegel.de/autoren/hasselmann-joern [Zugriff: 14.4.2012]

Welt Online (2012): Radikaler Salafismus ist wie eine harte Droge, www.welt.de [Zugriff: 11.12.2014]

Wikipedia: Einbürgerungstest (2014), http://de.wikipedia.org [Zugriff: 19.3.2014]

Wonka, Dieter (2011): Bundesinnenminister Friedrich warnt vor zu starkem Facharbeiter-Zuzug, www.lvz-online.de [Zugriff: 11.12.2014]

Zaimoglu, Feridun (2012): Deutschland macht sich lächerlich, www.faz.net [Zugriff: 14.4.2014]

Zeit Online (2009): Sarrazin muss sich entschuldigen, www.zeit.de [Zugriff: 11.12.2014]

Deutsche Welle (2012): Kritik an Gaucks Position zur Integration, www.dw.de [Zugriff: 9.1.2015]